A MEDIDA DE UMA ALMA

É A DIMENSÃO DE SEU DESEJO.

– *Gustave Flaubert*

O incerto lugar do desejo

1ª edição: Agosto 2019

Produção executiva:
Roberta Trabulsi
Lia Pini

Assistência de direção e pesquisa:
Suely Straub

Consultora de Roteiro:
Mônica Waldvogel

Diagramação:
Citadel Grupo Editorial
Isabela de Andrade

Revisão:
3GB Consulting

Preparação de texto:
Lúcia Brito

Fotografias:
Luciano Amado

Roteiro:
Ana Sardinha
Paula Trabulsi

DADOS INTERNACIONAIS DE CATALOGAÇÃO NA PUBLICAÇÃO (CIP)

T758i Trabulsi, Paula.
O incerto lugar do desejo / Paula Trabulsi, Ana Sardinha. – Porto Alegre : CDG, 2019.
192 p.
ISBN: 978-85-68014-99-8
1. Desenvolvimento pessoal. 2. Filosofia e psicologia. 3. Sucesso pessoal. 4. Autoajuda. I. Sardinha, Ana. II. Título.
CDD - 131.3

Produção editorial e distribuição:

CITADEL Grupo Editorial

contato@citadeleditora.com.br
www.citadeleditora.com.br

O ~~INCERTO~~ LUGAR DO *desejo*

inspirado no livro "Bancos de Memórias" de Ciça Azevedo

SUMÁRIO

PREFÁCIO

PARTE 1

Como cheguei até aqui?

O que sinto é culpa?

Qual é o risco de trancar o desejo?

Controle: perder ou renunciar?

Experimentar ou não?

O segredo liberta ou aprisiona?

É preciso se perder para se encontrar?

Se houvesse caminho de volta, eu voltaria?

E como seguir adiante?

PARTE 2

De mais a mais por Luiz Felipe Pondé

De mais a mais por Clóvis de Barros Filho

De mais a mais por Peter Pál Pelbart

De mais a mais por Lúcia Rosenberg

PARTE 3

Fragmentos do porvir

VESTÍGIOS

PREFÁCIO

"O inferno não tem portas ou cadeados, somente um arco com um aviso que adverte: uma vez dentro, deve-se abandonar toda a esperança de rever o céu, pois de lá não se pode voltar."

A *Porta do Inferno* de Rodin tem como tema a passagem da *Divina Comédia* que precede a entrada de Dante Alighieri (protagonista e autor) no Inferno. Ele quase desiste, mas, ajudado por Virgílio, recupera sua bravura e inicia a viagem.

É sabido que quem sai para uma viagem, mesmo que volte para o lugar de origem, voltará mudado. Nossa viagem começou quando aprofundávamos a pesquisa para o longa-metragem *LINHA DO DESEJO* (em desenvolvimento), marco inicial de um amplo projeto que já conta com um documentário, este livro e uma exposição de fotos.

O romance *Bancos de Memórias*, de Ciça Azevedo, foi nosso ponto de partida, nossa inspiração, mas foi a pesquisa que nos colocou frente a frente com o desejo. Quanto mais entrávamos nesse mundo, mais nossas certezas, estereótipos e clichês caíam por terra. A cada entrevista com filósofos, psicólogos, artistas e muitos outros *experts*, deparávamos com um leque maior de questões e pontos de vista que continuam reverberando até agora em nossas cabeças.

Diariamente tentávamos processar a avalanche de pensamentos, definições e conceitos que dali em diante dariam contorno ao longa *LINHA DO DESEJO*. Muito do que criamos até agora, como situações, cenas, diálogos e até enquadramentos, teve por base o entendimento e a depuração dessa pesquisa.

Tentando desvendar os caminhos do desejo, fomos levados a desvendar o nosso próprio desejo dentro do projeto. Afinal, como citou um dos entrevistados, o filósofo Luiz Felipe Pondé: "Tudo que é muito poderoso, como o desejo, deve ser abordado com humildade e reverência".

A pesquisa que virou documentário que também é livro transcorre em duas linhas narrativas distintas. Na primeira, a protagonista escreve sentada em bancos de jardim numa Paris invernal. O silêncio, a luz, as cores e formas nessa época do ano remetem à introspecção. Enquanto reflete sobre os dilemas diante de um inesperado desejo, os jardins testemunham e acolhem Ana Thereza. Na segunda linha narrativa, os entrevistados apresentam sua visão sobre o desejo dentro do viés levantado por Ana Thereza nos jardins de Paris.

O processo criativo de *LINHA DO DESEJO* foi e continua sendo guiado pela convicção de que as perguntas são tão ou mais instigantes que as respostas.

Entregar-se a esta leitura é aceitar o convite para conhecer algumas das infinitas faces do desejo e todas as interrogações que provoca. Afinal, ele é como uma linha que envolve, cerca, enrosca e arrasta tudo por onde passa.

Ana Sardinha
e Paula Trabulsi
(as roteiristas)

PARTE 1

COMO CHEGUEI ATÉ AQUI?

Longe de casa, no isolamento dessa espécie de um exílio voluntário, consigo me entregar completamente à pesquisa do pós-doutorado. Passo a maior parte do tempo trancada em bibliotecas garimpando livros e textos. Mas não deixo o hábito de tentar organizar as minhas ideias em bancos de jardim. Mesmo no inverno.

CIÇA AZEVEDO,

escritora

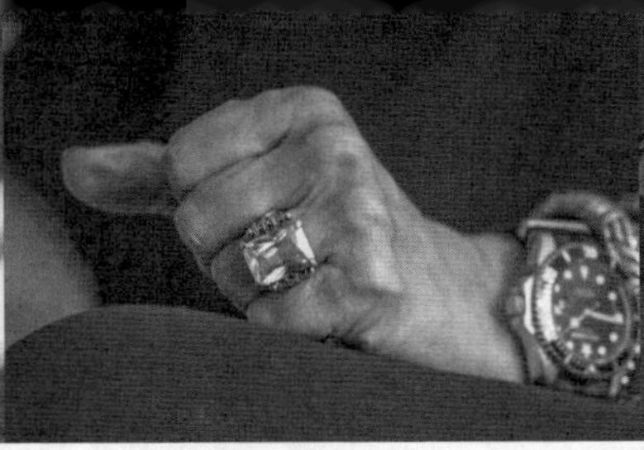

“

A personagem foi vindo, foi vindo, foi vindo. Nasceu de um hábito meu de escrever sentada em bancos. Fui para Paris com ela dentro de mim, fui sentando nos bancos, fazia algumas anotações. Foi, foi, foi, foi... E foi assim que nasceu. Ana Thereza é uma mulher inteira, com uma história de vida carregada de perdas e dores, mas que nunca perdeu o tesão pela vida. Ela nunca deixou de viver os dramas interiores, as tristezas, as alegrias, tudo. Ela tem um marido incrível, que é um sujeito já maduro.

---

1 Autora do romance *Bancos de Memórias*, que tem Ana Thereza como personagem principal.

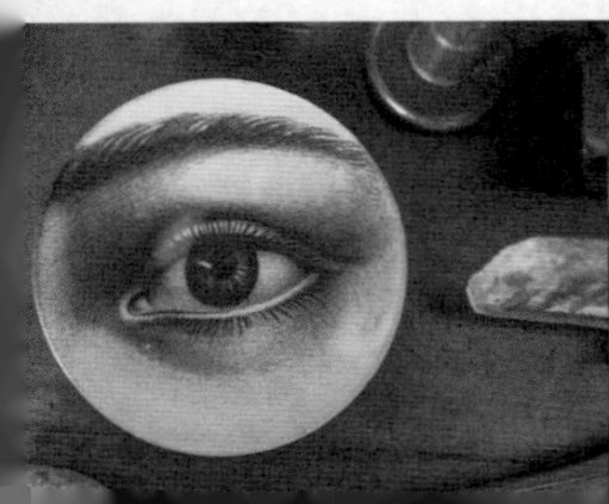

Descobri que precisava de ajuda quando mergulhei no tema de minha pesquisa e deparei com textos em francês e alemão antigos. Meu orientador me indicou uma pessoa que, além de conhecer muito esses idiomas, ainda poderia me ajudar com o tema. E foi nas tardes em que compartilhávamos não só a mesma luminária, os textos e a mesma linha do livro, mas também as percepções, que tudo começou.

Ciça Azevedo, escritora: O tempo todo as pernas deles estavam grudadas. E foi desse contato que ela sentiu um *frisson*. Do nada, ela nunca tinha pensado em nada, até sentir no corpo. Ela não sentiu um olhar, nada. Quando depara com aquela sensação, que entra pelos pés e ilumina tudo de repente, é quando começam todos os dramas e todas as coisas sublimes da vida. Ela começa a sentir não desejo, mas uma certa excitação, porque no começo não é nem tesão, é uma excitação mesmo, com uma pessoa que não é o marido. E ela leva um sustão.

LUIZ FELIPE PONDÉ,

filósofo

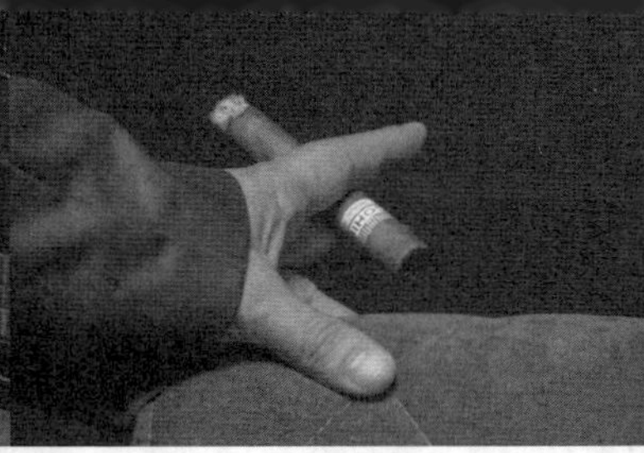

“

O desejo é desorganizador. É uma força incontrolável que está sempre tentando manter a si mesma. Durante grande parte de sua existência, a filosofia teve medo do desejo. A filosofia surge com medo do desejo e buscando um ordenamento da vida. Porque na religião grega e na tragédia grega o desejo é visto como uma coisa que desordena a vida. Esse medo do desejo permanece um pouco até hoje. Então, acho que nossa relação com o desejo no mundo contemporâneo é uma relação de medo, não de reverência.”

CLÓVIS DE BARROS FILHO,

professor de ética

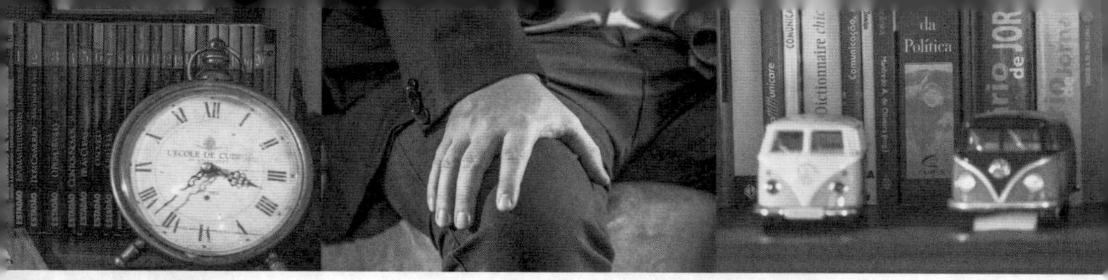

"O desejo, pelo menos desde Platão, quatro séculos antes de Cristo, é pelo que falta. Podemos dizer que ao longo da vida essa falta nos acompanhará sempre. Não haverá, no mundo de carne e osso, nenhuma possibilidade de plenitude ou de satisfação absoluta. Amamos o que não temos e gostaríamos de ter, por exemplo. Amamos o que não somos e gostaríamos de ser. Também assim é o desejo."

PETER PÁL PELBART,

professor de filosofia

“De Platão a Lacan, o desejo é visto como carência, como falta, como uma incompletude a ser preenchida, suprida, compensada. O desejo é uma certa desterritorialização. O desejo nos desterritorializa. E esse é todo o seu encanto.”

Ai, como minha alma está inquieta.

Ciça Azevedo, escritora: Muitas vezes você está imaginando determinadas coisas, achando que elas estimularam o desejo. Mas a gente não sabe se o desejo não veio quietinho... O que o desejo mais quer é desejar.

LÚCIA ROSENBERG,

psicoterapeuta e escritora

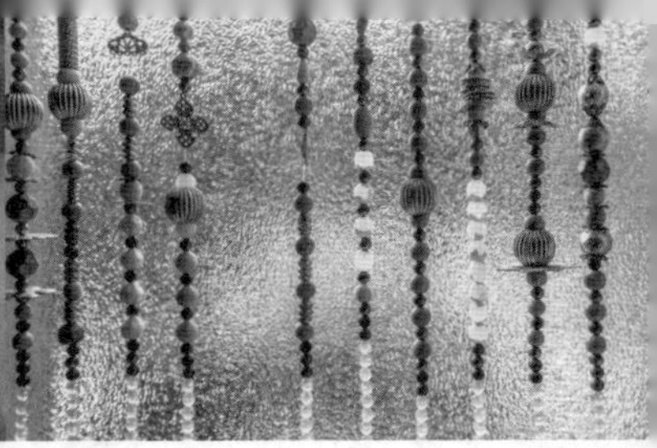

"

O desejo tira você de você e joga você no objeto de desejo. O desejo ligado à paixão geralmente está ligado a alguma loucura que se instala na vida, no coração, a uma espécie de tormento. Muitas vezes o que atrai no outro são as ideias. Às vezes o que atrai é um jeito de corpo. Às vezes é um *je ne sais quoi* que vem de baixo, do barro do chão, e sobe que nem um furacão. E, quando você vê, você está rodando."

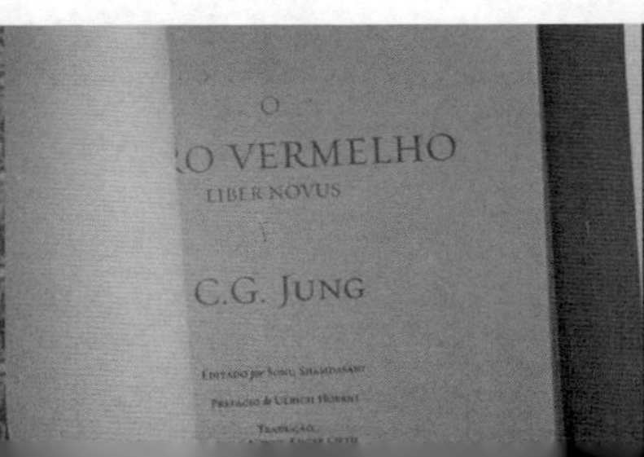

O homem é um ser de Eros. Eros é tesão. A melhor tradução para Eros em português é tesão. Eros é tesão, tanto tesão sexual quanto tesão motor, tesão pela vida.

LUIZ FELIPE PONDÉ, filósofo

No mundo do desejo, no mundo da natureza, o que existe é o insaciável, é querer sempre mais. A lógica do Eros é a lógica do saco sem fundo.

CLÓVIS DE BARROS FILHO, professor de ética

O QUE SINTO É CULPA?

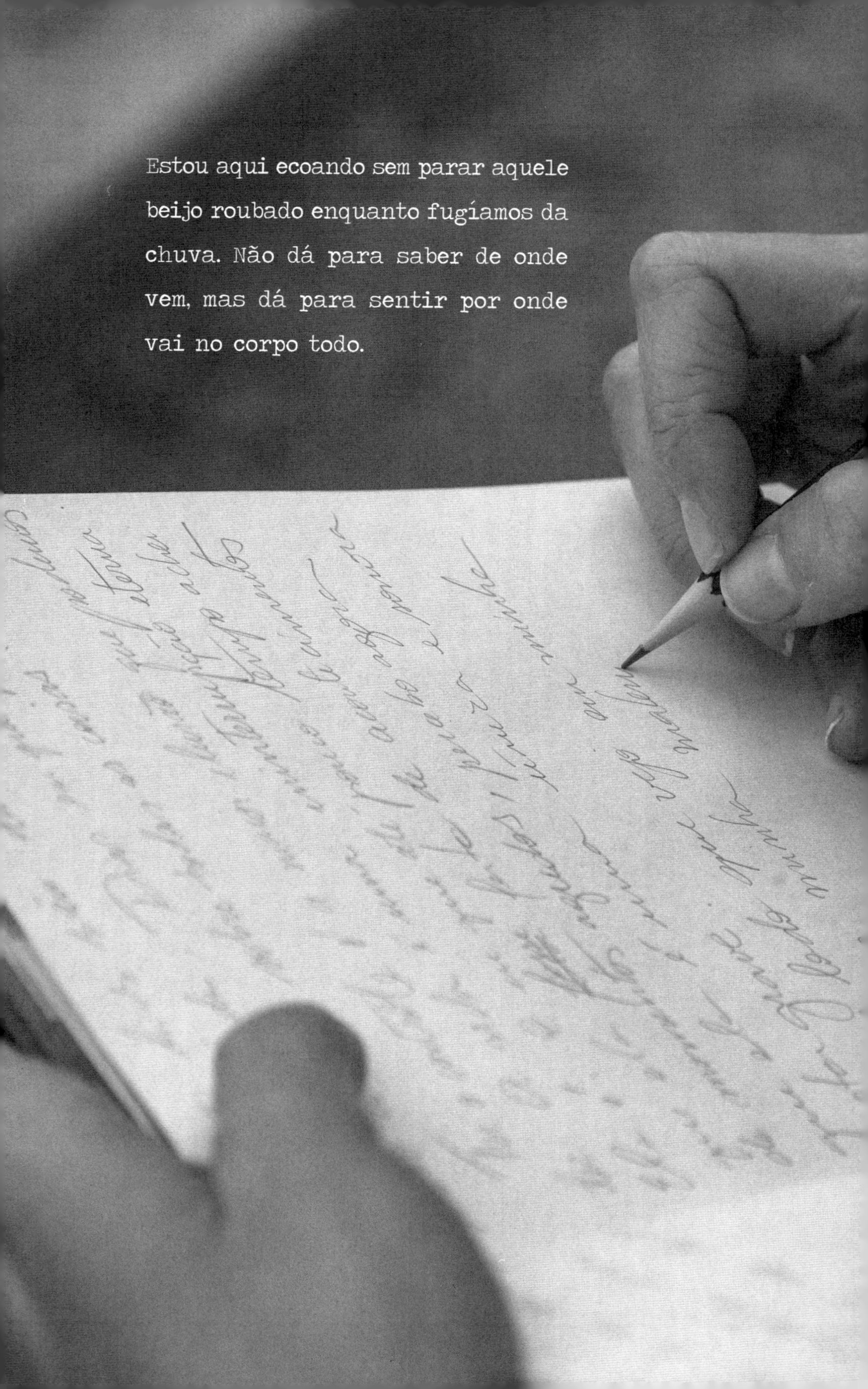

Estou aqui ecoando sem parar aquele beijo roubado enquanto fugíamos da chuva. Não dá para saber de onde vem, mas dá para sentir por onde vai no corpo todo.

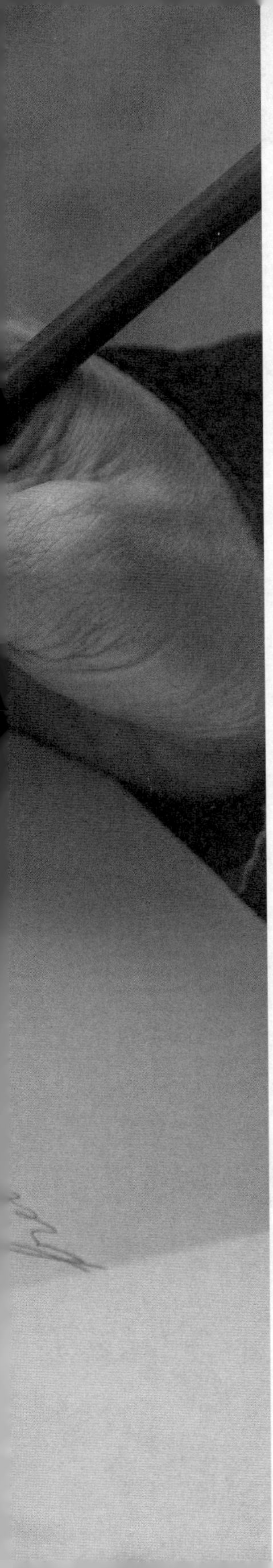

Ciça Azevedo, escritora: A hora em que Eros dispara sua flecha de modo geral é a hora em que os amantes, ou futuros amantes, estão desavisadíssimos. Ele lança suas flechas – pimba! E aí...

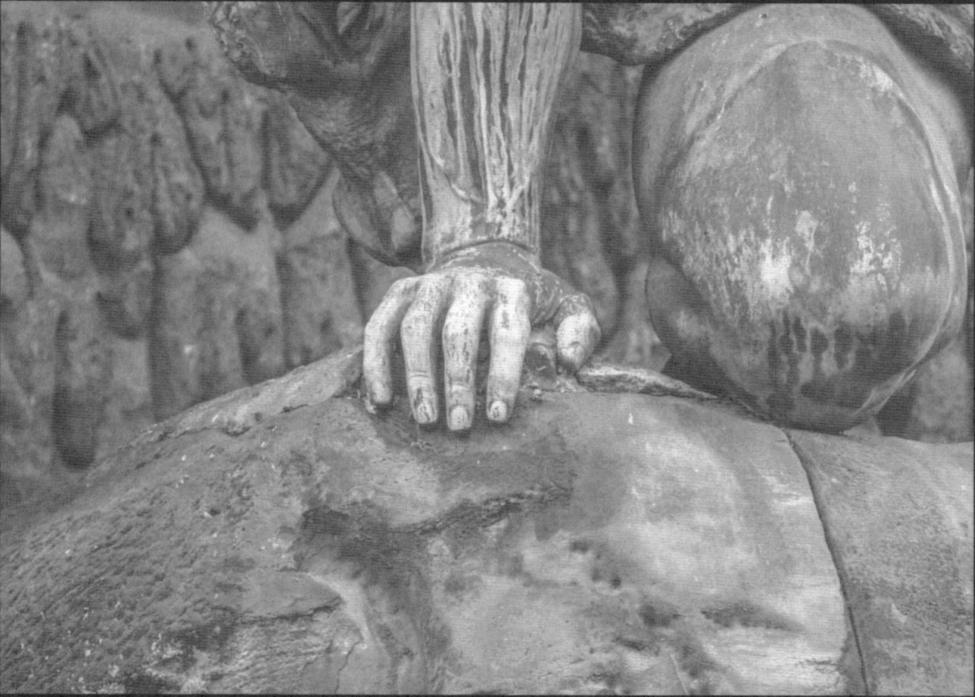

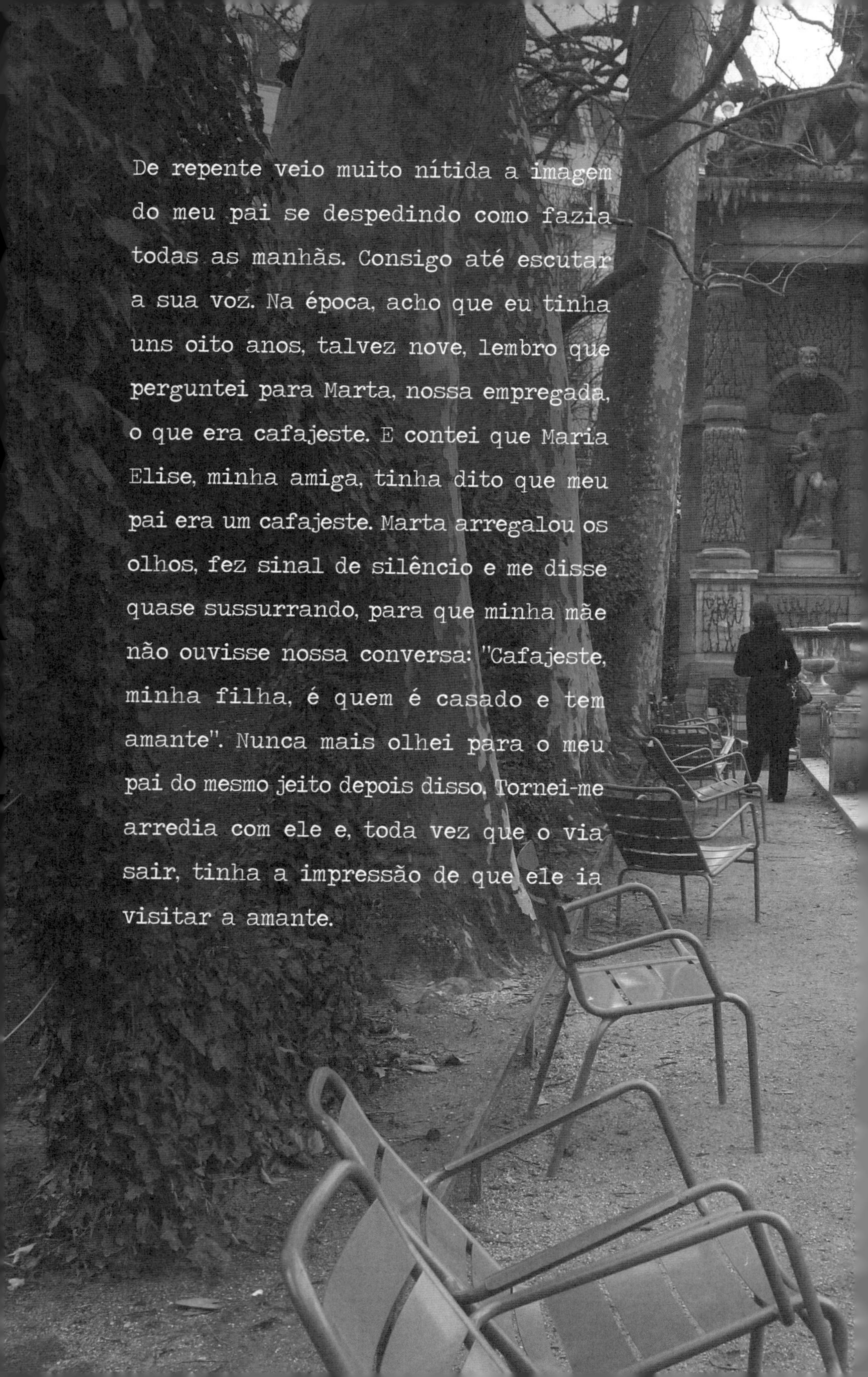

De repente veio muito nítida a imagem do meu pai se despedindo como fazia todas as manhãs. Consigo até escutar a sua voz. Na época, acho que eu tinha uns oito anos, talvez nove, lembro que perguntei para Marta, nossa empregada, o que era cafajeste. E contei que Maria Elise, minha amiga, tinha dito que meu pai era um cafajeste. Marta arregalou os olhos, fez sinal de silêncio e me disse quase sussurrando, para que minha mãe não ouvisse nossa conversa: "Cafajeste, minha filha, é quem é casado e tem amante". Nunca mais olhei para o meu pai do mesmo jeito depois disso. Tornei-me arredia com ele e, toda vez que o via sair, tinha a impressão de que ele ia visitar a amante.

Ciça Azevedo, escritora: A experiência que Ana Thereza tem, que podemos chamar de extraconjugal, o pai dela tinha diariamente desde sempre.

Por um instante pensei em como seria ser julgada como julguei meu pai. Minha filha, meu marido, meu orientador. Ah, se eles soubessem o quanto estou desejando ter outra vez esse beijo roubado.

Ciça Azevedo, escritora: Você naturalmente tem um limite. Com a sexualidade é a mesma coisa, embora nesse caso eu ache que é mais difícil você saber onde está o limite. Como o corpo vai respondendo junto, você nunca sabe onde você pode passar do limite.

ANDRÉ TRINDADE,

psicólogo e terapeuta corporal

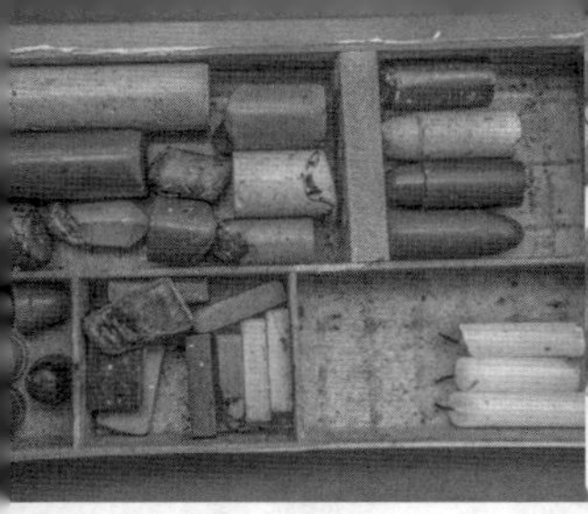
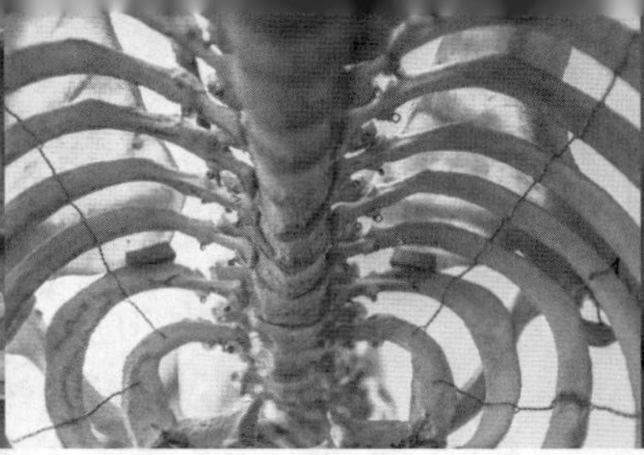

“

O desejo do corpo é mais rápido do que o desejo da mente. Na verdade, tudo acontece antes no corpo. A mente põe palavras no que está acontecendo, no que já aconteceu. O desejo principal é se sentir vivo. Dentro dessa linha central do desejo de se manter vivo e se perceber vivo, a gente tem dois caminhos logo no começo da vida. Um caminho é inteiramente voltado para a relação amorosa que se dá no geral com a mãe. A cada mamada, o bebê experimenta uma série de sensações de prazer, de prazer na relação, de prazer no contato, no olho no olho. O bebê começa a ter uma memória, ainda que muito rudimentar, dessa sensação de prazer, de plenitude. E aí surge o desejo”.

CLÓVIS DE BARROS FILHO,
professor de ética

O nosso corpo é esculpido pelo mundo social. E como é que o mundo social esculpe o nosso corpo? O bebezinho, que é meio caótico na hora de sentir, começa a ser ensinado: "Aqui não", e um tapinha na mão, depois um tapinha na bunda, depois um tapinha mais forte, depois um castigo. Se continuar havendo manifestação de apetite perturbadora da ordem, as punições tornam-se progressivamente mais severas.

LÚCIA ROSENBERG,
psicoterapeuta e escritora

A repressão começa dentro de casa. A criança vai introjetando a ideia de que se fizer isso ela é amada; se fizer aquilo, "ai, que feio, assim a mamãe não gosta". Você vai reprimindo os desejos, os impulsos, até muitas vezes gestos amorosos. O criativo também não tem vez. "Está fazendo arte, menino!" Você vai criando memórias e exemplos rígidos, secos, corretos. Quando você tem essas repressões muito fortes, tem que romper muito mais barreiras para chegar ao desejo.

LUIZ FELIPE PONDÉ,
filósofo

A estrutura de repressão do desejo, de perda do desejo, atiça o desejo.

Eu gosto muito da alegoria do toureiro e seu pano vermelho. Quando o troféu é distante demais, impossível demais, pode gerar certo desinteresse da parte do touro, ao constatar que nunca vai conseguir. Portanto, o troféu tem que ser calibrado, tem que ser à moda de Aristóteles, meio-termo. Não pode ser nem muito fácil, nem muito difícil. E, quando você estiver com 80 anos e a família chorando em volta porque você está nas últimas, é possível que ainda chegue alguém chamado às pressas para dizer: "Nada de tristeza, porque o melhor ainda está por vir". E a civilização terá cumprido o seu papel em uma tourada na qual você nunca tirou o pano vermelho do toureiro. Ou, se você preferir, nunca deixou de desejar.

CLÓVIS DE BARROS FILHO,
professor de ética

Eu quereria não sofrer. Eu quereria não querer. No fundo, a definição de Schopenhauer é quase do suicídio do querer. O querer quereria deixar de querer para parar de sofrer; então quereria a abolição do querer. É um querer suicida.

PETER PÁL PELBART
professor de filosofia

QUAL É O RISCO DE
TRANCAR O DESEJO?

O que faz as pessoas quererem trancar seus amores e jogar a chave fora? Talvez queiram eternizar o amor, já que sofremos do desejo da imortalidade. Desejo, amor, imortalidade, tranca… Ai, como é difícil. Deve ser porque o assunto ainda precisa ser ordenado no meu corpo e na minha cabeça.

Ao tentar trancar, você deforma o objeto do amor. O amor deveria ser libertário. O amor é assim: eu gosto tanto do que eu vejo que eu quero que você continue sendo perto de mim; e eu vou continuar sendo perto de você. E a gente vai sendo. Para mim, é o novo paradigma amoroso: eu vejo você.

LÚCIA ROSENBERG,
psicoterapeuta e escritora

JOSÉ MIGUEL WISNIK,

músico e professor de literatura

“

Não há lugar certo para se colocar o desejo. O desejo é um movimento de um lugar que se move sempre. “a onda anda/ aonde anda/ a onda?/ a onda ainda/ ainda onda/ ainda anda/ aonde?/ aonde?/ a onda a onda.” Esse poema do Manuel Bandeira, para mim, diz tudo.”

No *Banquete*, Platão coloca um monte de gente a falar de Eros. Poderíamos traduzir Eros por amor e, como é Platão que está escrevendo, por que não amor platônico?

CLÓVIS DE BARROS FILHO,
professor de ética

O amor romântico também é um amor muito efetivo. O amor que não se realiza do ponto de vista carnal. Existem tantas histórias de pessoas que viveram amores à distância, que possivelmente nunca se encontraram e de alguma maneira se alimentaram daquele desejo. E aquele desejo fez com que elas evoluíssem, fez com que se sentissem vivas e fez com que se percebessem como uma pessoa.

ANDRÉ TRINDADE,
psicólogo e terapeuta corporal

Uma das formas de matar o desejo é transformá-lo em plano abstrato. Você só deseja seres reais. Falando uma linguagem contemporânea, o desejo suscita uma idealização do objeto – na verdade, a pessoa por quem você se apaixona é meio real e meio o que você tem na cabeça.

LUIZ FELIPE PONDÉ,
filósofo

CONTROLE: PERDER OU RENUNCIAR?

Ultimamente tenho sido assaltada por fantasias que só a muito custo consigo controlar. Temo que as coisas saiam de controle. Quiçá já saíram.

Ciça Azevedo, escritora: O desejo é uma coisa que se impõe. A gente sabe que deseja quando o desejo se apresenta. De onde vem o desejo? Não vem de uma falta necessariamente. Não vem de uma insatisfação. Não vem de um tédio. Ele vem de um lugar. O desejo de Ana Thereza é por sexo, embora ela vá contando sua vida e mostrando que o desejo está presente em todas as áreas.

Dentro da ideia de que o desejo é um transtorno, não é a solução desse transtorno dizer "Vou amar uma pessoa nos limites do que é correto". Amar uma pessoa nos limites do que é correto é não amar uma pessoa. Porque, quando você ama uma pessoa, corre o risco de ser devorado – ou ela devorar, ou você devorar, ou a realidade devorar. Acho que o desejo é o motor erótico no sentido original, grego e nietzschiano. É criativo, é gerador, mas ao mesmo tempo é destrutivo. Não há como fazer um desejo politicamente correto.

LUIZ FELIPE PONDÉ,
filósofo

ALEXANDRE CUMINO,

bacharel em ciências da religião

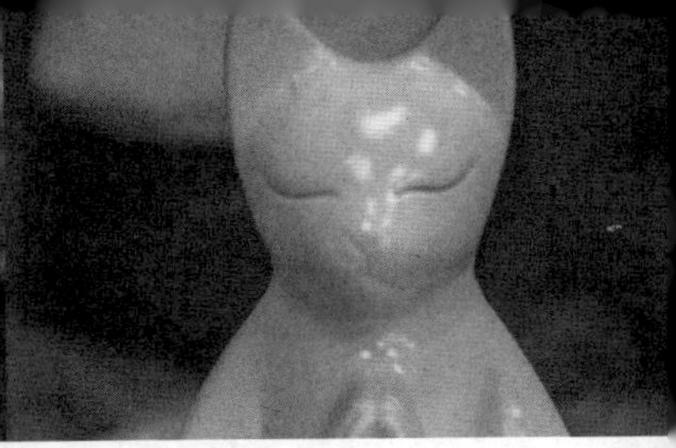

“

Amor não necessariamente é desejo, mas, se eu puder ter os dois, o desejo e o amor – e a carne e o sangue e o suor e o sorriso e o choro, tudo junto, é o meu paraíso aqui na Terra agora. Eu aprendo com o desejo, a frustração, a dor, o sofrimento. Que o desejo me leve a dores e sofrimentos e que eu possa aprender com isso. Nada é por acaso. Se o desejo é meu, estou aprendendo mais sobre quem sou eu”.

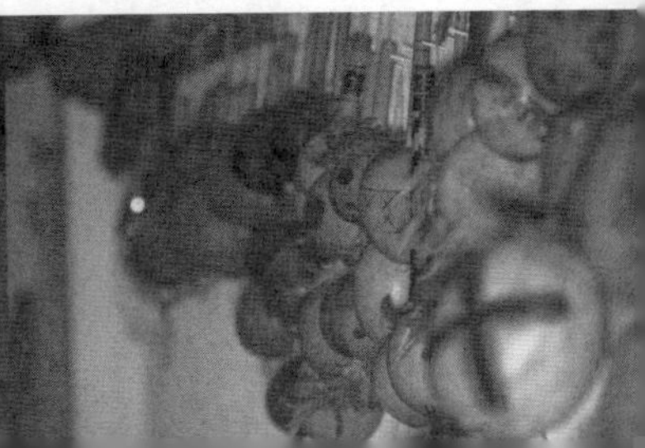

PETER PÁL PELBART,
professor de filosofia

O desejo é um campo de batalha de "n" forças.

JOSÉ MIGUEL WISNIK,
músico e professor de literatura

Se o desejo é a procura permanente por um objeto que em rigor nunca se encontra – e, portanto, tem que ser ou como que rememorado de onde ele não está e talvez nunca esteve, ou buscado onde nunca estará –, é justamente nessa travessia que ele vai se fazendo, se inventando, se buscando. A pessoa desejada tem algo que você não sabe explicar, um toque qualquer, que faz daquilo uma coisa total. Você só pensa nisso, você quer aquilo completamente.

ALEXANDRE CUMINO,
bacharel em ciências da religião

Eu fui arrastado pelo desejo diversas vezes na vida.

Existe o pensamento do desejo como uma coisa que vai arrastando você de uma forma que você não tem sossego.

LUIZ FELIPE PONDÉ, filósofo

Os desejos são traiçoeiros. São insidiosos, são pérfidos, além de fascinantes.

JOSÉ MIGUEL WISNIK, músico e professor de literatura

O desejo instala a inapetência. O desejo instala a insônia. O desejo instala a ansiedade. A respiração fica curta.

LÚCIA ROSENBERG, psicoterapeuta e escritora

EXPERIMENTAR OU NÃO?

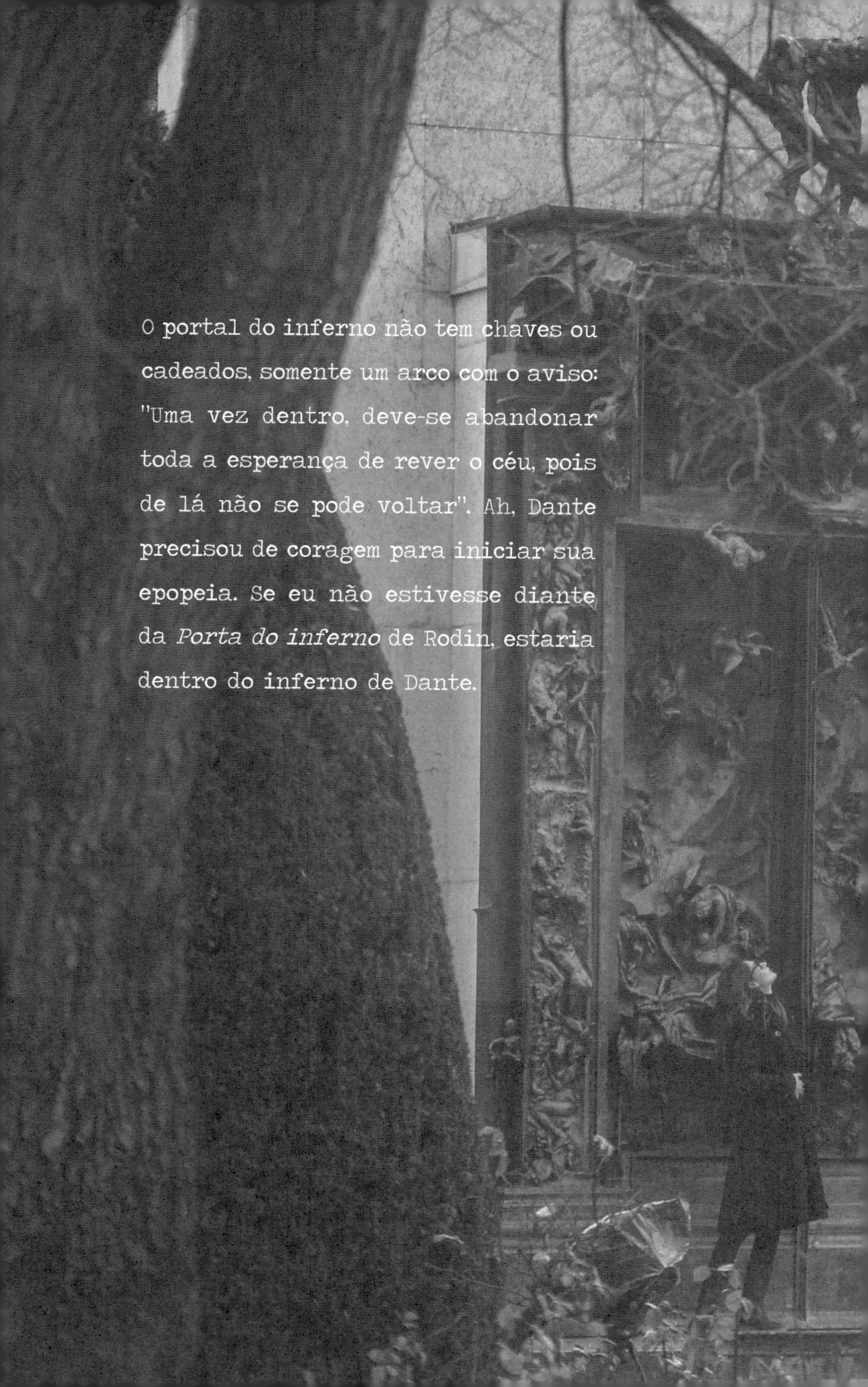

O portal do inferno não tem chaves ou cadeados, somente um arco com o aviso: "Uma vez dentro, deve-se abandonar toda a esperança de rever o céu, pois de lá não se pode voltar". Ah, Dante precisou de coragem para iniciar sua epopeia. Se eu não estivesse diante da *Porta do inferno* de Rodin, estaria dentro do inferno de Dante.

Ciça Azevedo, escritora: Ana Thereza vai entrando naquilo passo a passo porque obviamente começa a gostar. Ela começa a gostar do que está sentindo."

Há quem diga que só existe adultério quando o traído não merece. Se você trai uma pessoa que merece, que é escrota, que o traiu, uma pessoa que não é alguém que se dedica a você, que não cuida de você, que já deu prova dessas coisas, então não é adultério – é só vingança, justiça.

LUIZ FELIPE PONDÉ, filósofo

Spinoza diferencia muito bem uma paixão triste de uma paixão alegre. A vingança é uma paixão triste. Já em Spinoza vemos o conceito de que não há alegria resultante da tristeza alheia. Satisfazer-se com a tristeza do outro é, obviamente, explorar a fraqueza do outro. Spinoza diria que isso é um afeto triste. Ela envenena aquele que o experimenta.

PETER PÁL PELBART professor de filosofia

O adultério tem que vir acompanhado da culpa.

LUIZ FELIPE PONDÉ, filósofo

A culpa é a coisa mais pegajosa, ameboide e fagocitária que existe.

LÚCIA ROSENBERG, psicoterapeuta e escritora

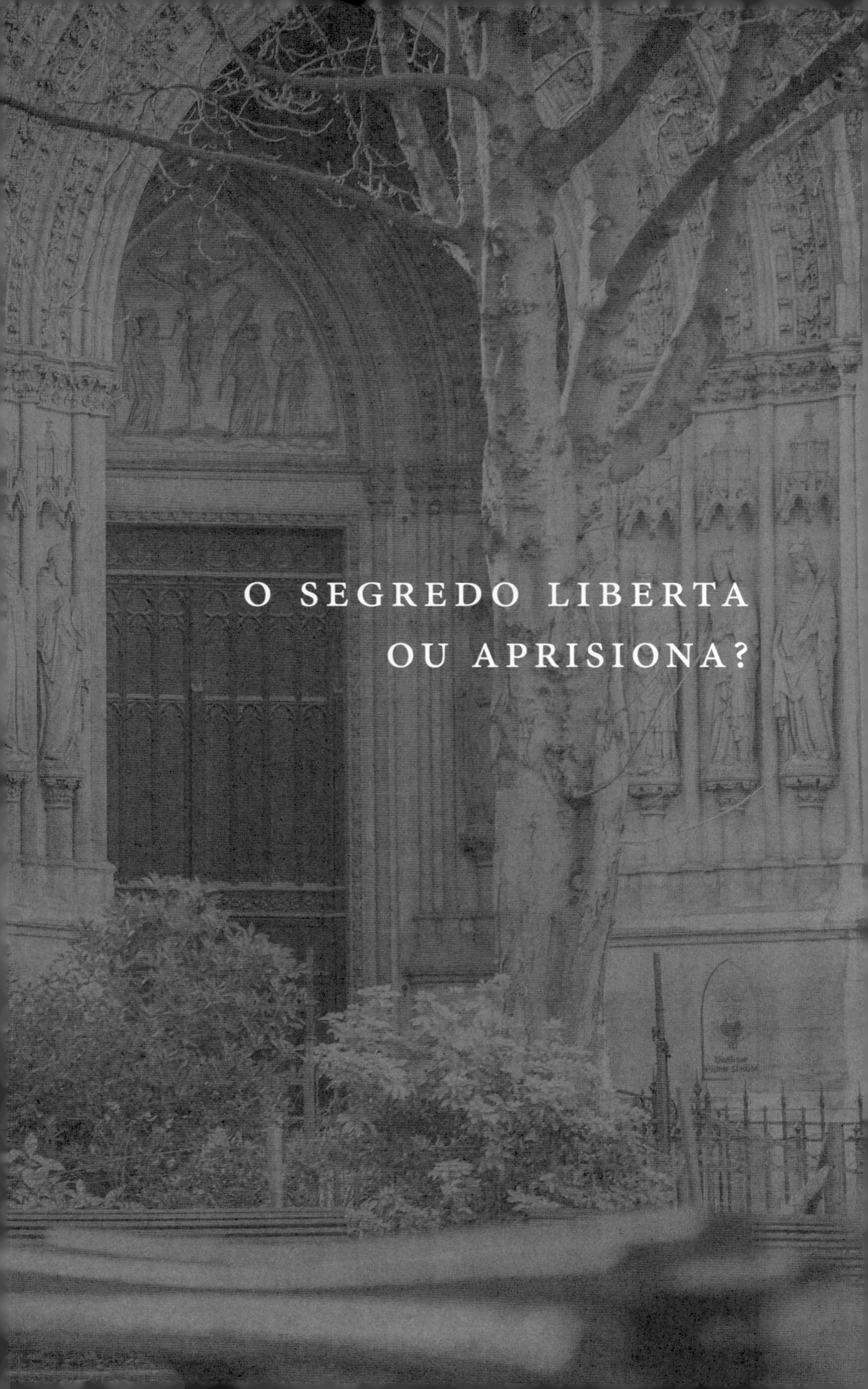

O SEGREDO LIBERTA
OU APRISIONA?

Senti um prazer inconfessável de me entregar para alguém que não o meu marido. E não me veio a menor culpa. A menor. Quase me senti culpada de não sentir culpa alguma. Isso foi o mais estranho, a ausência de remorso. Era uma viagem nossa, ninguém mais devia ser envolvido. Mas Thomaz e eu sempre tivemos nossas portas escancaradas. E agora eu queria fechar a minha? Pelo menos por um tempo. Mas como? Se eu nunca tive que ter um segredo? Apesar de saber que eu tinha e podia ter isso só para mim, senti quase uma dor de ter que viver essa coisa tão maravilhosamente nova em segredo.

Ciça Azevedo, escritora: Ela tem um segredo, mas tem um draminha ali o tempo todo. O grande desejo de Ana Thereza era poder falar para o querido do Thomaz dela. Os dois contavam tudo um para o outro e contavam um com o outro.

Acho possível viver com um segredo. Acho saudável ter alguns segredos.

ANDRÉ TRINDADE,
psicólogo e terapeuta corporal

O exercício do desejo em segredo pode poupar do julgamento do outro. Mas, se você realizar esse desejo por baixo dos seus panos, a culpa vai se instalar internamente e vai fazer o seu pecado ser revelado. Você vai esquecer o ticket do motel no bolso, o bombom no console do carro, vai aparecer uma mensagem no seu WhatsApp justamente quando o celular estava na mão do outro. Se você viveu seu desejo na paz e na certeza do seu direito, está lindo. "Segredo" e "sagrado" têm a mesma raiz.

LÚCIA ROSENBERG,
psicoterapeuta e escritora

Essa coisa que se chama de segredo, não sei se é um segredo ou se é uma arte de escolher o que cabe compartilhar.

PETER PÁL PELBART
professor de filosofia

Acho que uma das grandes sacadas do Nietzsche é entender que não existe desejo sem coragem. Se você tira a coragem da relação com o desejo, você mata o desejo. Porque o desejo exige a coragem.

LUIZ FELIPE PONDÉ,
filósofo

MARILU BEER,

artista plástica e designer

"

Eu acho que tem que arriscar. Sempre fui um pouco subversiva e não acho que se tenha que seguir regras. Eu vivo no desejo. Eu moro no desejo. Geralmente eu vou atrás do meu desejo. Bom, eu tenho um desejo enorme que acho que não vai ser cumprido, que vai continuar como desejo, de atuar em um filme de Pedro Almodóvar. Sou uma velha senhora que fala espanhol, que nunca fez uma plástica – e ele gosta que não tenha feito plástica. Nem botox, nunca fiz nada. Esse é um desejo que continua na minha vida, não sei por quanto tempo. Talvez nunca se realize. Tenho uma amiga que fala que não gosta de comprar em prestação porque na primeira prestação o desejo já passou".

LÚCIA ROSENBERG,
psicoterapeuta e escritora

Acho que o ideal seria se a gente conseguisse, mesmo sob o domínio dos hormônios, encontrar minipausas antes da menopausa, se a gente conseguisse encontrar minipausas de retorno a si mesmo e ao eixo pessoal, à percepção de que o outro serve para a gente saborear juntos um banquete, mas que o alimento não está no outro.

MARILU BEER,
artista plástica e designer

Eu tive pretendentes, gente que me cortejava. Mas nunca tive necessidade de ir porque a minha relação era tão boa e tão completa que nós falávamos a respeito disso. Ele me dizia: "Linda, tem que sentir atração por outras pessoas, eu também sinto. Isso é o normal. Isso é ser humano. Mas aí, quando você sentir isso, você canaliza para mim".

LUIZ FELIPE PONDÉ,
filósofo

É difícil separar desejo de amadurecimento. E uma das coisas que amadurecimento significa é justamente a luta com o desejo

Nunca fui de me reprimir muito, mas me reprimi um pouco. E minha idade hoje me permite falar exatamente tudo o que eu penso. Estou em um trabalho contínuo para eliminar todas as minhas culpas. Não quero sentir culpa, e culpa é uma palavra que não entra mais no meu vocabulário.

MARILU BEER,
artista plástica e designer

Uma das formas em que me encontro continuamente com desejo é na escolha profissional que fiz: resolvi peitar o mundo dizendo exatamente o que eu penso, sabendo que com isso eu corro riscos contínuos – digo profissionais, não de vida necessariamente. Eu faço isso por desejo.

LUIZ FELIPE PONDÉ,
filósofo

O corpo é correto, chato. A alma é subversiva. Então ela vai. E eu sou pura alma.

MARILU BEER,
artista plástica e designer

COSTANZA PASCOLATO,

consultora e colunista

"O que eu tenho hoje que é muito lindo é um panorama visto da ponte de todos os desejos que eu pude ter durante a vida. O desejo é da sobrevida até o final. E da melhor maneira possível, não tem outro. Eu continuo fazendo tanta coisa e pensando em tanta coisa – e uso o batonzinho e não sei o quê. E não é para atrair ninguém, é para continuar mastigando esta vida da maneira mais vital possível. Mas sobretudo para dignificar minha existência".

Ao ser capturado por um amor, por um desejo, vai... Só isso que eu posso falar.

MARILU BEER,
artista plástica e designer

Corri atrás de tudo que eu quis durante a vida, pagando todos os preços.

COSTANZA PASCOLATO,
consultora e colunista

Deixa, vai até o fim, vai fundo.

MARILU BEER,
artista plástica e designer

E aí vai, e aí se solta.

JOSÉ MIGUEL WISNIK,
músico e professor de literatura

É PRECISO SE
PERDER PARA
SE ENCONTRAR?

No meio dessa avalanche de questionamentos e emoções, o que mais me surpreende é que nunca me senti tão eu. Sinto que o conhecido e o desconhecido se fundem. Quando tudo parar de girar, talvez eu entenda e agradeça.

ALEXANDRE CUMINO,
bacharel em ciências da religião

Há uma divindade, ou, se preferir, uma entidade só para o desejo. A pomba-gira é a senhora dos desejos. E ela não é vulgar, não deve ser. Mas é sensual. A entidade pomba-gira representa a mulher forte. A mulher forte que é dona do próprio corpo, da sua sexualidade, dona do seu nariz. Aquela Maria Madalena que passa e todo mundo deseja, todo mundo quer, e ela diz: "Eu sou dona de mim mesma". Isso é a pomba-gira. Ela é linda, é encantadora, é fascinante.

JOSÉ MIGUEL WISNIK,
músico e professor de literatura

"Todo dia, toda noite, toda hora, toda madrugada, momento, manhã", "a onda anda/ aonde anda/ a onda?", "todo mundo, todos os segundos do minuto vive a eternidade da maçã", "a onda ainda/ ainda onda/ ainda anda/ aonde?/ aonde?", "a gente não sabe o lugar certo de colocar o desejo." Na verdade, a canção interpreta um texto de Nelson Rodrigues que é "A dama do lotação", porque foi feita para o filme *A dama do lotação*, com Sonia Braga, sobre uma mulher que todos os dias à tarde pega o ônibus e vai ter experiências estranhas à sua rotina e depois volta para casa.[1]

A dama do lotação ressoava um filme de Buñuel, *Belle de Jour*, com Catherine Deneuve, outra própria figura do desejo.[2] Não estou querendo dizer objeto de desejo porque é pouco para as duas atrizes. E as personagens delas nesses filmes são enigmaticamente levadas por um desejo que não se sabe qual é, a uma busca por outra coisa.

---

1 *A dama do lotação*, filme brasileiro de 1978. Direção de Neville d'Almeida, baseado no conto homônimo de Nelson Rodrigues.
2 *Belle de Jour*, filme francês de 1967 dirigido por Luis Buñuel, baseado no romance homônimo de 1928 de Joseph Kessel, sobre uma jovem esposa que se prostitui em um bordel de alta classe à tarde, enquanto o marido está no trabalho.

LUIZ FELIPE PONDÉ,
filósofo

Tudo o que é muito poderoso, como o desejo, deve ser abordado com humildade e reverência. E não com um "vem cá, vamos tomar uma cerveja".

ALEXANDRE CUMINO,
bacharel em ciências da religião

Eu tenho desejos. Você pode olhar para outra pessoa e sentir desejo, falar: "Nossa, que ótimo, estou vivo, tenho desejo". Mas, se esse desejo não vai trazer coisa boa para mim, então não está reprimido, só está bem explicado.

LUIZ FELIPE PONDÉ,
filósofo

A gestão do desejo é uma gestão que não escapa muito do que a filosofia inteira pensou, inclusive Freud em *O mal-estar na civilização*, que é uma gestão em que você faz uma economia do desejo. Que economia é essa? Você entende, por exemplo, que, se você tem uma vida estabelecida, responsabilidades e compromissos, não deve se deixar capturar por um desejo que pode destruir isso tudo.

ALEXANDRE CUMINO,
bacharel em ciências da religião

O tempo todo a gente entra em acordo com o desejo, é aquela coisa de falar: "Calma, aquieta aí, fica quietinho".

Eu sou uma pessoa intuitiva, não racional. E meu desejo sempre foi intuitivo, e eu tive que correr atrás dele.

COSTANZA PASCOLATO,
consultora e colunista

Há o desejar em tudo, não falo só de sexo, tudo é desejo. A gente liga sempre desejo com sexo, mas não é por aí. É tudo.

MARILU BEER,
artista plástica e designer

Não vejo nenhuma possibilidade de vida, de existência no mundo sem desejo. Porque o desejo é uma espécie de esperança. E como toda esperança é sempre casto.

CLÓVIS DE BARROS FILHO,
professor de ética

É evidente que o processo civilizador age sobre o desejo e as sensações o tempo todo. A gente gasta toneladas de energia fazendo a gestão d desejo. Só que esse gasto de energia fazendo a gestão do desejo é que produz a civilização.

LUIZ FELIPE PONDÉ,
filósofo

SE HOUVESSE
CAMINHO DE VOLTA,
EU VOLTARIA?

Enfim vejo tudo. Com humildade e coragem, aceito o que inesperadamente vivi. Já não procuro mais a razão, desisti de entender.

Ciça Azevedo, escritora: Ana Thereza começa a rever sua história de vida. E toda a profundidade dela se concretiza naqueles escritos absolutamente coloquiais. Você pega toda a força que o desejo traz, aquela pulsão, e coloca em outra coisa. A criatividade serve muito para isso. É o principal recurso à nossa disposição para se transformar o desejo.

O desejo está aí para criar. Ele não está acomodado, instalado, em uma esperança que espera. Não, nada disso..

MARILU BEER,
artista plástica e inventora

NINA PANDOLFO,

artista plástica

“Ah, desejo é tanta coisa. Por exemplo, eu desejar estar nesse universo para poder criar é algo muito forte em mim. O desejo é o que faz você caminhar.”

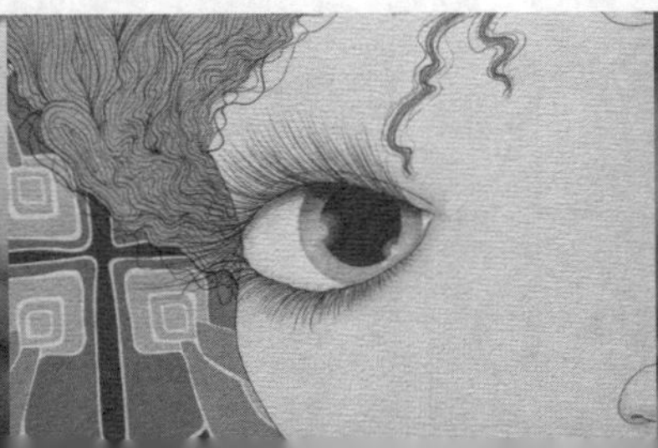

COSTANZA PASCOLATO,
consultora e colunista

Desejo depois de sublimado, digamos assim, o desejo nos leva para outros patamares.

NINA PANDOLFO,
artista plástica

Eu só sinto que estou completa, que estou bem, se estou pintando, desenhando, fazendo alguma coisa no universo da pintura. Preciso estar com a tinta, porque é como se eu me conectasse comigo mesma na pintura. Então, é um desejo em cima de outro desejo, em cima de outro desejo. Eu desejo estar nesse meu universo constantemente.

Acho que os artistas procuram isso porque a criança tem uma inocência, uma curiosidade, uma disponibilidade – ou deveria ter – para o novo, para a condição de não saber.

ANDRÉ TRINDADE,
psicólogo e terapeuta corporal

A arte sempre remete ao enigma. O oculto não se revela. Nem para o próprio artista. Depois de fazer é que se dá revelação.

MARILU BEER,
artista plástica e designer

Acho que vou ter saudades dessa história. Definitivamente um pedaço importante dessa Ana Thereza vai ficar aqui. E tenho como únicas testemunhas esses bancos que me acolhem.

Ciça Azevedo, escritora: Ana Thereza poderia não ter vivido aquilo. Poderia, mas, naquele momento, como ela tinha a orientação para o desejo, aquilo se impôs, e ela foi viver.

PETER PÁL PELBART,
professor de filosofia

Ao invés de pensar que o desejo carece, Deleuze e Guattari afirmam que o desejo produz. Só de pensar o desejo fora da matriz sujeito-objeto e pensar como fluxo já é uma outra política do desejo que se anuncia. Desejo é conexão. E conexão com cada vez mais elementos. Quando eu desejo uma mulher, será que eu desejo uma mulher? Ou desejo a pessoa, a paisagem, o contexto em que a conheci, o mundo? Deseja-se o mundo, e não um objeto. Com isso, há uma dimensão que é de expansão, e não de suprir a carência.

LUIZ FELIPE PONDÉ,
filósofo

A trajetória do pensamento deleuziano pode dar a impressão de que produz pessoas um pouco mal-educadas e autônomas, mas acho que, do ponto de vista real, o que você vê hoje são jovens que falam muito, que muitas vezes são assertivos na hora de manifestar ideias de como deve ser o amor, como deve ser a vida entre as pessoas, mas correm da vida real. Fogem da vida real.

Há jovens que precisam dessas teorias, que estão experimentando, que vivem isso. E, quando eu olho, não tenho categoria para decifrar se é menino, se é menina, se gosta disso, se gosta daquilo, como é que vivem as relações, se é monogâmico, se não é. Não tenho a menor ideia. E isso é sinal de que vem vindo alguma coisa que a gente desconhece. Tem algo aí para o qual eu não tenho instrumento de percepção, de conhecimento, de vivência. Então é algo que me obriga a pensar e talvez rever os meus instrumentos de percepção e de análise.

PETER PÁL PELBART
professor de filosofia

Acho que a gente tem necessidade de um contorno, um contorno protetor. Acho que a gente não precisa de jaula, mas precisa de contorno. De, ao nos recolhermos, estarmos protegidos e suficientes. Do lugar para onde voltar.

LÚCIA ROSENBERG,
psicoterapeuta e escritora

Agora inundada de mim descubro outra Ana Thereza ainda mais Ana Thereza.

Ciça Azevedo, escritora: Quando você tem uma orientação para o desejo, você sabe exatamente até onde pode ir para viver o prazer sem que ele cause dor.

Se a gente tem que se sentir vivo para poder evoluir, para poder ser quem se quer ser, a gente precisa começar se sentindo vivo. E se sentir vivo é com fracasso, com tristeza, com raiva, com conquista, com alegria, com tesão, com sorte, com tudo junto. Depois a gente tem que evoluir. Evoluir significa lidar com as etapas da vida, lidar com o que te é, as oportunidades, né? Para finalmente chegar a ser o que se quer ser.

ANDRÉ TRINDADE,
psicólogo e terapeuta corporal

A frase do Nietzsche "Torna-te quem tu és", para mim, é tão importante quanto "Eu te vejo".

LÚCIA ROSENBERG,
psicoterapeuta e escritora

JULIANA PACHECO,

professora de filosofia

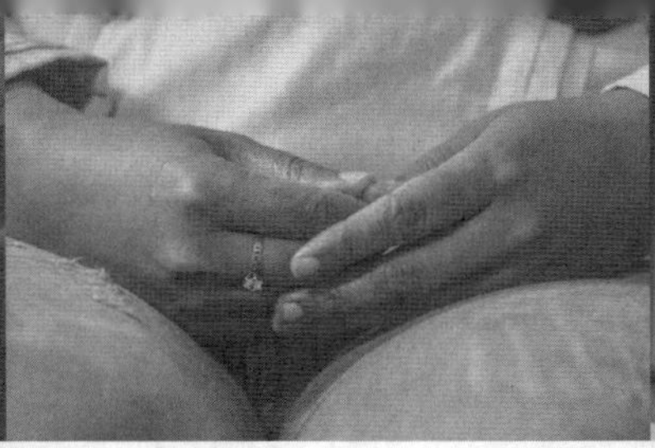

“

Se você nasce com uma vagina, você vai ser de determinada forma, vai aprender a ser uma mulher. Não pode fugir disso. Você vai se comportar de determinada maneira, é capaz apenas disso. “Torna-te quem tu és” dá certa liberdade de escolha. Vou me tornar quem eu quero ser. A gente lê tantos homens que dali a pouco já está pensando como homem. Aí comecei a buscar, pesquisar, e encontrei, na Idade Média, as beguinas. Foi um movimento de mulheres que queriam exercer a liberdade de pensamento, o ideal da alma livre. Mas sempre buscando a coisa do “Torna-te quem tu és”, de mostrar quem elas eram – por mais que a sociedade da época dissesse e impusesse: “Não, vocês são isso”. As beguinas eram um grupo de mulheres que não queriam seguir a dominação da Igreja, os pressupostos da época; então foram desenvolver ações missionárias próprias, de forma independente. Elas não queriam congregações montadas só por homens, com visão misógina. Há quem diga que teriam sido as primeiras feministas, já que romperam com os padrões da Igreja. Eram chamadas de bruxas, muitas foram queimadas. Outras usaram pseudônimo masculino – e a gente pode ter muito material produzido por mulheres e não saber”.

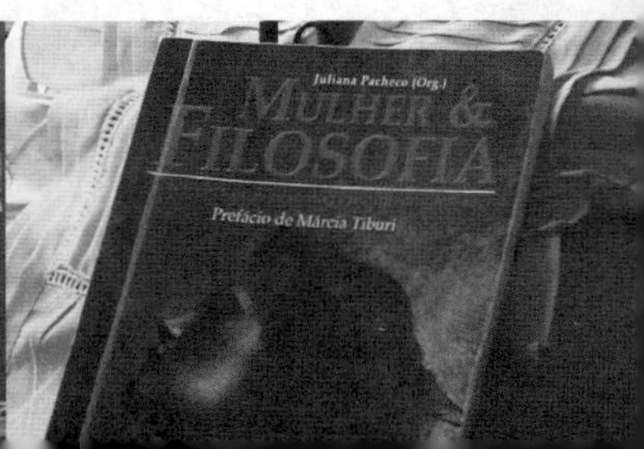

LUIZ FELIPE PONDÉ,
filósofo

Não há dúvida de que você tem uma literatura feminina, escrita por mulheres. Não há dúvida de que elas falam de desejo, desejo de Deus. É um Deus que não cabe na estrutura da Igreja, não cabe em uma estrutura mediada. Com os imbróglios que a gente tem com o desejo hoje, eu até arriscaria dizer que o medieval entende mais de desejo do que nós.

JULIANA PACHECO,
professora de filosofia

O desejo está em volta da questão do existir, da liberdade. Essas corajosas buscaram se tornar quem elas queriam ser.

COSTANZA PASCOLATO,
consultora e colunista

Eu entendi a força de você se amar incondicionalmente para poder amar os outros.

JULIANA PACHECO,
professora de filosofia

Uma mulher com "M" maiúsculo é aquela que tem consciência de si e que segue aquilo que acredita que é o certo, sem se importar com parâmetros impostos pela sociedade.

Tem muita coisa que nutre a gente. Se a gente conseguisse, de quando em vez, se recolher para essa sensação de abastança, talvez o desejo fosse menos doentio, ávido e faminto. Se você percebesse que há alimentos para as suas fomes em você também.

LÚCIA ROSENBERG,
psicoterapeuta e escritora

O olhar, a reflexão que gira para dentro e busca aquilo que faz falta, aquilo que impulsiona também, aquilo que de alguma forma transborda em você.

JULIANA PACHECO,
professora de filosofia

Nem você sabe o quanto precisa se amar profundamente para ser inteira.

COSTANZA PASCOLATO,
consultora e colunista

Como poder inventar no meio disso tudo alguma arte de viver, ou de amar, ou de desejar que não seja mera captura? Certa expansão das conexões. Não estou falando "Ah, então transa com todo mundo". Em vez de viver na cobrança, na culpa, na dívida, no controle, estabelecer conexões de certa alegria.

PETER PÁL PELBART,
professor de filosofia

LUIZ FELIPE PONDÉ,
filósofo

Existem então formas tristes e alegres de viver paixões, desejos, emoções.

PETER PÁL PELBART,
professor de filosofia

A alegria é a prova dos nove em uma relação. Se não há alegria, a relação morreu. O desejo foi para as picas.

CLÓVIS DE BARROS FILHO,
professor de ética

É por isso que, no lugar de uma "criança esperança", eu proporia com sinceridade uma "criança alegria", por acreditar que a alegria supera o desejo, como a presença supera a falta e como o mundo da vida supera as nossas elucubrações.

Eu gosto de tudo que é *outsider*. Não gosto das coisas estabelecidas.

MARILU BEER,
artista plástica e designer

Eu não acredito na evolução do desejo – evolução no sentido de que ele vai se tornando cada vez mais aperfeiçoado, mais civilizado. Isso é a ideia de que você pode ter uma relação vegana com o amor; não há sangue, não há sofrimento.

LUIZ FELIPE PONDÉ,
filósofo

Dante tem o inferno. Eu me instalo no inferno, acho o inferno muito mais divertido.

MARILU BEER,
artista plástica e designer

Sempre haverá algo fora do lugar. Por isso sempre desconfiei muito dessas coisas de equilíbrio; porque, se existe uma coisa que não somos, é equilibrados. Basta olhar as pessoas no mundo para perceber que o equilíbrio é uma quimera, uma palavra, uma ideia – uma

CLÓVIS DE BARROS FILHO,
professor de ética

E COMO SEGUIR ADIANTE?

Sou eu por trás do pano, na coxia.

Ciça Azevedo, escritora: O livro é uma ficção sobre uma realização de alma. Ana Thereza entrou em mim, e eu entrei nela. Muita coisa ali eu sei que é minha, eu estive em muitas daquelas cenas. Ao mesmo tempo, graças a Ana Thereza, talvez eu tenha podido não viver uma cena, mas ela me possibilitou "viver".

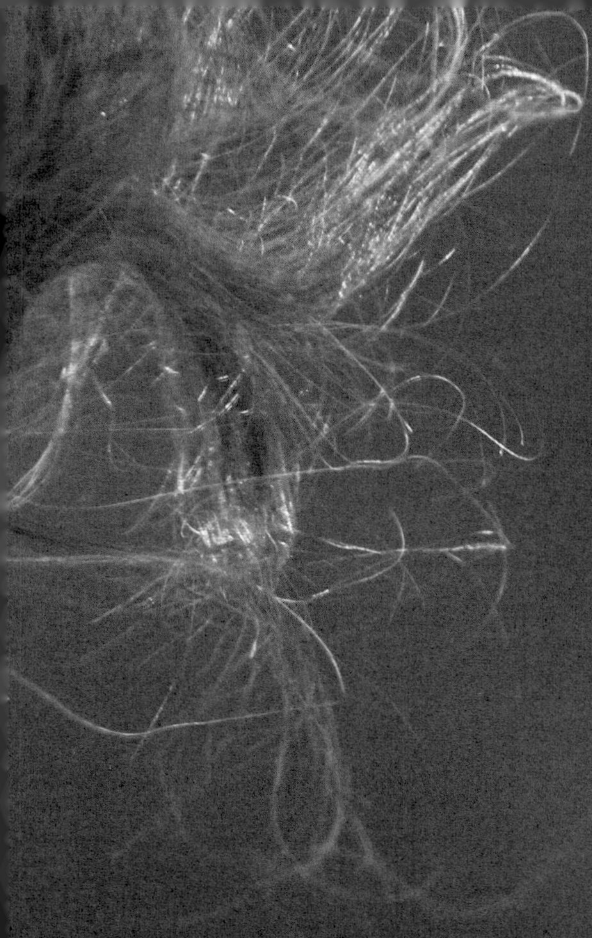

Diante de todas as perplexidades de uma vida em transformação, sinto que no fundo viver é pouco mais do que continuar tentando continuar vivendo. Porque nada realmente para. Nada realmente tem fim.

PARTE 2

DE MAIS A MAIS

por Luiz Felipe Pondé, filósofo

Tenho a percepção de que o desejo está em grande agonia no mundo contemporâneo. Acho que estamos vivendo em um momento de repressão do desejo disfarçada de não ser repressão do desejo. No mundo contemporâneo, o desejo talvez seja uma das coisas mais faladas e menos existentes.

Na antiga Grécia, a filosofia tinha medo do desejo. Durante grande parte de sua existência, a filosofia teve medo do desejo, porque na religião e na tragédia gregas o desejo era visto como algo que desordena a vida e nos torna vítimas dos deuses. No mundo da tragédia, o desejo é como que soprado sobre nós pelos deuses. É uma arma de fazer com que a gente se apaixone e uma arma de fazer com que a gente se destrua. O desejo vem do outro – o "outro" é o mundo divino. No momento em que o desejo se abate sobre nós, perdemos o controle. Esse medo do desejo permanece um pouco ativo até hoje.

A filosofia grega surge com medo do desejo e buscando um ordenamento da vida. Para estabelecer esse ordenamento da vida, a filosofia tem que colocar o desejo sob controle. A filosofia grega busca puxar o destino para a capacidade humana de organizar o desejo, o que será chamado de "vontade". Essa herança só será questionada em Spinoza.

Agostinho (354–430), o maior filósofo do cristianismo a pensar no desejo, situou o desejo encostado no pecado. Fomos criados por Deus para sermos atraídos pela beleza divina. Só que, a partir da queda de Adão e Eva, acabamos atraídos pelas criaturas, entramos no registro do pecado. Dali em diante o desejo nunca relaxa, porque está sempre buscando um objeto; porém, como o objeto original do desejo era Deus, quando pousa sobre um objeto finito, o desejo se transforma em uma coisa meio vampiresca, indo de objeto em objeto, em um movimento infernal.

Agostinho não pensa que o homem não deva ter desejo, ele busca reaproximar o desejo de seu objeto original, que é Deus. Há uma falta, que é Deus. Se não tivesse sido excluído da equação por Adão e Eva, Deus funcionaria como motor, e nossa relação com todos os objetos criados passaria por Deus. Não haveria essa condição de falta do desejo que nos deixa cansados, que torna o desejo uma espécie de zumbi, continuamente atrás de coisas que nunca o satisfazem. Essa ideia do desejo que nos arrasta e não nos dá descanso vai persistir por quase toda a Idade Média, com variações.

Tomás de Aquino (1225–1274), que pensou os sete pecados, entende a tristeza ou melancolia como o domínio do demônio sobre o coração, que é o motor da vontade e, portanto, o órgão do desejo. Os medievais não entendiam que o homem não deva ter desejo, entendiam que esse desejo deve ser organizado pelo intelecto para se aproximar da harmonia divina. Se você elimina o desejo por completo, cai na melancolia, que é a ação do demônio sobre a capacidade de movimentação do homem. Então, não se pode perder completamente a vontade, o motor, que é o desejo, mas não pode ser uma vontade enlouquecida e distante de Deus, porque aí vira pecado.

Spinoza (1632-1677) fará um corte ao dizer que existem formas tristes e alegres de viver paixões, desejos e emoções. Ele aponta um caminho que depois seria abraçado por Deleuze via Nietzsche, de que a vida pode ser objeto de uma força de alegria; ou seja, quando você é capaz de viver o desejo, isso soma força a você. Para Spinoza, o homem é um ser de *conatus*, um princípio que está em Deus, porque tudo é Deus, mas Deus é infinito e tem atributos além de nossa capacidade de percepção. Spinoza faz uma diferença entre desejo que entristece, que faz o *conatus* perder força, e desejo que aumenta a força do *conatus*. Esse desejo que aumenta a força do *conatus* é a favor da natureza divina em nós.

Na filosofia alemã do século 19, vale a pena observar uma oposição entre Schopenhauer e Nietzsche, ambos no âmbito do romantismo. Schopenhauer fala de vontade no sentido de um desejo enlouquecido e busca formas de superação dessa vontade. A ideia é que, se você não põe ordem nesse motor, você sai do eixo. O objetivo da vida é o ordenamento, o acúmulo, a eficácia, a produtividade, a produção de bens materiais que garantam a sustentação da vida e ordenamento social inteiro – o que alguns chamam de lógica do dinheiro.

Nietzsche aposta no desejo. Para ele, o homem é um ser de Eros; Eros é tesão; tanto tesão sexual quanto motor, tesão pela vida. A lógica metafísica de Platão e do cristianismo – este último a versão do platonismo para pobre, como dizia Nietzsche –constitui um modo de vida no qual você renuncia ao mundo real porque ele é imperfeito e porque há sofrimento em favor de uma vida perfeita no outro mundo. Nietzsche diz que essa ideia da vida perfeita no outro mundo é vendida de certa forma à custa do adoecimento do Eros. Se você vive de acordo com a lógica religiosa, você contém Eros nessa vida para garantir a vida do lado de lá. Nietzsche não acredita nesse outro lado; então, o que sobra é um Eros adoecido pelo medo da indiferença e do abandono do universo e pelo desejo de que o universo nos ame e dê sentido para nossa vida.

Se Nietzsche estivesse vivo, iria vomitar em cima da ideia de pessoas que buscam uma vida que não faça mal a ninguém. O desejo sempre faz mal. Bem e mal. Porque na verdade vem antes do bem e do mal. Não é à toa que Nietzsche usa exaustivamente a fórmula "para além de bem e mal", que significa que a moral compreendida como a normatização de bem e mal é uma moral a serviço dos ressentidos. O indivíduo ressentido é aquele que morre de medo da vida e vive uma vida pequena para garantir que não vá ter muito problema e, em troca disso, acredita que vá ter uma vida do lado de lá.

A vida pequena é uma vida em que você não aposta, você não tem coragem. Começa a pensar na previdência privada aos 10 anos de idade. Quer ter vínculos afetivos e que ninguém sofra nesses vínculos, que é uma das formas de repressão de desejo no mundo contemporâneo. Na linguagem de Nietzsche, uma vida pequena é uma vida covarde.

A violência e o amor parecem dançar um do lado do outro. É o que Nietzsche imaginava. A visão nietzschiana do desejo é esse processo enlouquecido de criação e destruição, a tensão que existe entre desejo e civilização. Sem desejo não existe vida. Por isso a civilização tem que civilizar, mas não demais.

O mundo nunca esteve tão longe de Nietzsche.

Acho que nossos descendentes – se existirem – vão considerar nossa época bastante covarde, em que a vida tinha de acontecer dentro de certos limites. Isso nasce na Europa, que é um parque temático de medo, e vem empacotado em um discurso de bondade, de não violência. Eu desconfio muito de gente que quer fazer um mundo melhor, pois existe o risco da negação da violência. Agora, dizer que negar a violência faz mal não é um discurso a favor da violência. Nossa época me parece lidar mal com ambivalências – quer que o mundo seja legal, que não sangre, que não tenha dor, que não sofra. Acho normal não querer sofrer, não acho que a gente tenha que procurar o sofrimento – ele nos encontra.

Essa coisa de querer ter um desejo correto, querer ser uma pessoa que só sente coisas corretas, não querer odiar ninguém, achar que é possível amar todo mundo – talvez Deus consiga; o homem, se conseguir, morre. E tem mais uma coisa que Freud e outros falam: amar todo mundo é injusto com aqueles que de fato merecem ser amados.

A vida real não é uma coisa que você inventa na sua casa. A vida real consiste em se envolver afetivamente, trair, ser traído, ficar em dúvida, insegurança, momentos de enorme prazer – e na sustentação material disso. Antes de tudo, existem as condições materiais para a sustentação do desejo. O desejo se multiplica de uma forma em um final de semana em Roma e de outra em um engarrafamento de oito horas em direção a Praia Grande.

DE MAIS A MAIS

por Clóvis de Barros Filho, professor de ética

No mundo de carne e osso, não há nenhuma possibilidade de satisfação absoluta. Portanto, o desejo nos acompanhará sempre.

Sócrates define com muita simplicidade: amar é desejar. O amor é desejo, e o desejo é pelo que falta. Amamos o que não temos e o que gostaríamos de ter. Amamos o que não somos e gostaríamos de ser. Portanto, assim é o desejo, já que amor e desejo são a mesma coisa. O desejo é sempre inclinado para o mundo, no sentido de indicar uma busca por aquilo que não é uma presença.

A relação entre hormônios e neurônios é uma das mais sofisticadas e complicadas da história do pensamento. Digamos que de um lado estejam o corpo e todos os seus hormônios, seus apetites, seus tesões, suas pulsões. E do outro lado estejam nossa razão, nossa inteligência, nossos princípios, nossa moral e ética. Se o homem for mesmo dois, um corpo material e uma alma imaterial que pensa tudo isso, é possível que as coisas aconteçam desse jeito, como em um ringue. Mas não precisamos concordar com esse tipo de reflexão.

Podemos apostar que alma e corpo sejam a mesma coisa. O mesmo corpo que deseja é o que pensa. Aí não há dois lados do ringue. Aí não há enfrentamento; isso seria desmentir a si mesmo. Se o desejo é energia, como é que a inteligência, que precisa da energia, pode se opor a ela? Seria o mesmo que o motor de um carro recusar a gasolina. Você poderia pensar: "Que absurdo! Desejei tantas coisas na vida e, com minha inteligência, me impedi de desfrutá-las por achar que não é certo".

Se não a inteligência, o que nos impede de submeter o mundo a nossos caprichos? No lugar da inteligência poderíamos pensar em outro afeto: o temor – o que chamamos de medo, cagaço, e que alguns chamam de prudência, para dar um verniz mais racional. O temor, tanto quanto o desejo, é uma coisa do corpo. Todo o seu tesão pode ser enfrentado pelo medo – e o medo costuma ganhar. Até porque, quando o medo não triunfa, a civilização padece. Se fôssemos nos meter a fazer tudo que desejamos, haveria um pandemônio incrível. É preciso que a civilização segure a nossa onda.

Então, ou você acredita – como Platão e seus herdeiros – que corpo e alma são coisas muito diferentes e que a alma permanece soberana, autônoma, que a alma pode refletir sobre os apetites do corpo e dar uma solução para a vida livre da interferência desses apetites, ou você acredita que inteligência e hormônios são uma coisa só, se resumem a uma única lógica, e, portanto, a razão não tem autonomia para pairar sobre o mundo dos apetites e discernir o que pode e o que não pode ser satisfeito.

O nosso corpo é esculpido pelo mundo social. Aquilo que você deseja hoje é resultado não apenas das suas células. É resultado das células, mas muito bem trabalhadas pelas experiências de anos de vida com os outros, nos quais as células sentiram as dores da reprovação e as delícias do aplauso e se adequaram a isso, de modo que você deseje o que é desejável e evite o que não é desejável por ser indevido, perturbador. Poderíamos falar em desejos domados. Acreditamos desejar o que genuína, originária e naturalmente desejamos, mas na verdade expressamos o que a sociedade nos autorizou e nos levou a desejar.

A gestão do desejo não é pessoal, é coletiva, é social, é civilizada. Cada sociedade tem uma forma de fazer a gestão do desejo dos indivíduos que ali estão. A dimensão pessoal da gestão do desejo é a ponta de um *iceberg*, de cuja extrema profundidade não temos consciência no cotidiano. A crença de que somos senhores de nossos desejos é só um jeito de tornar a vida mais suportável; poderíamos dizer que a razão é a justificadora de inclinações e apetites que a superam e que usamos a inteligência para dar a esses apetites um encaminhamento autorizado pelos outros e por nós mesmos.

A sociedade direciona a energia em busca de troféus, de objetos do desejo, e não aceita a desmobilização do indivíduo. Somos cobrados para ter e externar certa volúpia pela busca do que falta.

Experimente chegar no RH da sua empresa e dizer que não entende muito bem o que são metas porque você é uma pessoa reconciliada com o mundo como ele é. Você vai para a rua!

A vida é desequilibrada. As pessoas investem em meditação, ioga e montes de coisas para tentar se proteger de um mundo que cobra o sangue nos olhos, a faca nos dentes, onde concorrente bom é concorrente morto.

A civilização nota 10 é aquela que jamais deixa o indivíduo no limbo, ou seja, sempre tem algum troféu lindo – um objeto de desejo – a ser perseguido. Quando a civilização deixa os indivíduos no vácuo de objetos desejantes, surge o risco de descarrilamento. Sem perspectivas de troféus conquistáveis em curto, médio e longo prazos, a sociedade corre o risco de as pessoas desalinharem. E pessoas desalinhadas, sem ter muito claro para onde devem ir, são sempre perturbadoras da ordem. Por isso toda civilização se preocupa em ter sempre algum tipo de troféu para todos.

Os troféus não podem ser fáceis demais, nem difíceis demais. Fáceis demais, escoam-se rapidamente e não mobilizam energia suficiente. Difíceis demais, podem gerar desinteresse. Ambas as situações podem levar ao desalinhamento. Então, os troféus devem se situar em uma zona intermediária de dificuldade, para que os indivíduos se sintam capazes de alcançá-los e de obter satisfação e para que valha a pena mobilizar toda a energia para conquistá-los.

Penso que uma particularidade do mundo de hoje é a grande aproximação dos mundos do desejo masculino e feminino. Os troféus que, em outras épocas da humanidade, eram claramente discriminados para homens e para mulheres hoje são praticamente os mesmos.

Nenhuma ética pode prescindir do desejo como elemento central de reflexão. Não há ética a ser pensada senão a partir de uma profunda avaliação do desejo e da necessidade de toda sociedade de organizar, direcionar e esculpir desejos para que a convivência seja possível. A ética exige, portanto, a capacidade de pensar em soluções de convivência que garantam cotas equivalentes de felicidade para todos que interagem.

Schopenhauer, um filósofo considerado pessimista – algo bastante significativo, uma vez que não há filósofos propriamente otimistas; então, para ser pessimista entre eles, tem que caprichar –, disse que a vida oscila como um pêndulo entre o enfado e a frustração. De duas, uma: ou você deseja o que não tem, o que causa frustração, ou você tem e aí não deseja mais, o que é entediante. (Desejar o que não se tem é pleonasmo, pois desejo é sempre do que não se tem.) Na minha concepção, não existe uma constatação mais entristecedora e demolidora da vida.

Acho que existe uma coisa ainda pior do que o fracasso, do que não conseguir o objeto do desejo – é conseguir o que você deseja e perceber que, no final das contas, era um troféu bem mequetrefe. No pêndulo de Schopenhauer, acho que o enfado de ter o que não se quer mais é ainda mais cruel do que a frustração de não alcançar o que é desejado, porque a frustração dá uma saída: tentar de novo. Já o enfado de ver que o troféu não é nada daquilo que você imaginava é desesperador.

Porém, entre a frustração e o enfado, acontecem coisas. Entre um e outro, pode haver alegria, pode haver prazer. Um instante de vida que potencializa, que distancia da morte. A alegria do encontro com os filhos é um exemplo muito nítido para mim. Falando de mim, do que eu gostei na vida, foi de ser pai. Não estou dizendo que tudo deu certo, mas eu gostei. Quando nos reunimos, temos ali um momento que desmente Schopenhauer, um momento que revigora contra tudo o que entristece, que apequena, que definha, que corrompe, que esgarça.

Acredito que, se lamentássemos um pouco menos e esperássemos um pouco menos, talvez tivéssemos condições de amar um pouco mais. E é aqui que eu não concordo com algumas das definições que apresentei acima. Definitivamente o amor não se confunde com o desejo. O amor é mais do que o desejo. O amor não é só por aquilo que não temos. Claro que podemos amar o que não temos – e nesse caso é Eros, é desejo. Mas existe o amor por aquilo que temos. Claro que existe.

E esse amor pelo que temos não é na falta, é na presença, é no encontro, é na vida. É a salvação dos casais, é a salvação dos amigos. É a salvação do presente. Porque o resto é passado e futuro, delírio da imaginação. Mas o presente da vida pode ser alegre, e, quando o mundo alegra, ele é amável, merecedor do nosso amor. Isso não é Eros, isso é uma reconciliação com o mundo bem diante de você. Isso é simplesmente um amor na presença, pelas coisas como elas são.

DE MAIS A MAIS

por Peter Pál Pelbart, professor de filosofia

O desejo é a coisa mais imponderável do mundo. Incontrolável e, nesse sentido, perigoso.

O principal livro do filósofo Gilles Deleuze foi escrito em parceria com o psicanalista Félix Guattari; chama-se *O anti-Édipo* e foi lançado em 1972. A filosofia do desejo construída por Guattari e Deleuze apresenta forte contraste com uma tradição que vem desde Platão, do desejo como carência. Em Platão essa ideia é muito clara: deseja-se o que não se tem. Para Deleuze e Guattari, o desejo está muito mais na chave do transbordamento do que da incompletude.

Não é que se deseje alguma coisa ou alguém. O desejo não visa a um objeto. O objeto recortado do contexto é sempre artificial. Deseja-se um mundo, não um objeto. Desejar um mundo é se acoplar com esse mundo. Isso se afasta de nossa matriz de pensamento. Deleuze e Guattari afirmam que o desejo produz, constrói agenciamentos; o desejo não se limita a sexo, política, arte, relações, instituições; desejo é conexão, conexão com cada vez mais elementos, é agenciar e construir esses agenciamentos e expansões. Pensar o desejo fora da matriz sujeito-objeto e pensar como fluxo é uma outra política do desejo.

O desejo é perigoso porque nenhuma sociedade suporta que as conexões se multipliquem ao infinito. A multiplicação das conexões ameaça a ordem vigente. Não são coisas que se conectam, não são pessoas que se conectam, e não são pessoas que se conectam a coisas; somos uma conjugação imensa de fluxos, e essa conjugação de fluxos tende a se conectar com outros fluxos que fazem parte de uma pessoa, mas que fazem parte de outros elementos. O agenciamento, portanto, não é de coisas nem de pessoas, mas de fluxos diversos, múltiplos, que se escoam por toda parte, que em certo sentido escapam do controle.

Os fluxos não são toda e qualquer coisa, nem de qualquer jeito. Os fluxos se conjugam com uns e não com outros. Os indivíduos se compõem com pessoas, elementos, fluxos, movimentos que aumentam a sua potência ou com aquilo que os intoxica, que diminuiu a sua força, que reduz a capacidade de continuar se compondo. Vira e mexe, nos compomos com coisas que nos destroem.

Na visão proposta por Deleuze e Guattari, a pergunta não é "me amam ou não me amam?", é "qual a minha potência de amar?". Há toda uma arte de viver, uma arte de se compor, uma arte de navegar, uma arte de amar.

O enquadramento familialista habitual dispara uma máquina possessiva, paranoica, de ciúme, de cobrança, de controle, de poder, de competição, de massacre. Essa máquina já está pronta; quando você conhece alguém, essa máquina se instala como se caísse do céu, porque é nosso funcionamento social há séculos. É óbvio que isso é uma certa morte do desejo. Os mecanismos religiosos, filosóficos, pedagógicos, familiares, midiáticos de reterritorializar o desejo em um formato conhecido, suportável, controlável, minimamente monitorável, são imensos. Tais mecanismos estão à nossa volta o tempo inteiro, estão dentro de nós e nos atravessam.

Arte de viver refere-se a construir relações que, em vez de cobrança, culpa e dívida, tenham alegria, vitalidade, expansão. Essa arte de viver pode significar intimidade e desconexão com a máquina familialista. Existem vários mundos em mim, e existem vários mundos no outro. O que eu gosto no outro não é apenas a pessoa, eu gosto dele com os mundos que ele carrega, que eu posso explorar e que podem me levar a outras paragens. Tem aí uma alegria de descoberta e experimentação.

É óbvio que, se cada indivíduo tem vários mundos, nem todos os mundos são compartilhados com as mesmas pessoas. Seria triste depositar em uma só pessoa a expectativa de compartilhar todos os meus mundos. Eu ficaria restrito a uma só pessoa, o que vai na contramão da multiplicidade.

Hoje em dia é muito difícil dissociar a vivência do desejo da produção de drogas lícitas e ilícitas que levam à excitação ou combatem a depressão, que monitoram o humor, o psiquismo, a libido. É toda uma parafernália farmacológica que monitora, dosa e otimiza as sensações, os prazeres e os desejos. É há a indústria pornográfica, que também abastece a imaginação. Não dá para pensar em desejo sem a química, sem as imagens que circulam, sem uma produção maciça de excitantes ou calmantes – sem todos esses mecanismos de controle, monitoramento e produção de certo tipo de desejo.

O desafio hoje é como inventar, no meio disso tudo, alguma arte de viver, de amar ou de desejar que não seja mera captura por parte desses mecanismos e que também não seja presa dos velhos clichês sobre amor e desejo. É olhar em volta e fazer uma curetagem das imagens que vêm dos filmes, dos romances, da televisão, da educação, da moral, da religião. É como se precisássemos nos desfazer dos clichês sobre o que é desejo.

A filosofia não responde nada, mas recoloca o problema de maneiras que indicam outras possibilidades de pensar o assunto. Um pensamento filosófico não é uma cartilha. Quando se torna uma cartilha de vida, ferrou. Porque aí vira seita, religião. Eu vejo a teorização sobre o desejo como um desafio, uma espécie de aposta.

DE MAIS A MAIS

por Lúcia Rosenberg, psicoterapeuta e escritora

Não gosto de sempres e nuncas. Eternidade não existe para nós humanos. A única coisa que a gente tem é o agora. Eternizar é uma ilusão, uma loucura humana.

Em geral o desejo começa com a aparição do objeto. O desejo não está flutuando por aí. Você está em paz até aparecer algo que atraia, magnetize, excite, inflame. O desejo e os encontros são alquímicos, você nunca sai igual de um encontro.

O desejo é multiforme, pode ser nutritivo ou traiçoeiro. Quando o desejo é construtivo, a cada encontro você cresce, aprende e transforma. Quando os limites não são ultrapassados, você tem uma relação saudável. Porém, quando você projeta no objeto do desejo a função de lhe dar o que você inventou que havia ali, o desejo pode traí-lo.

O desejo é destrutivo quando é falta, projeção, expectativa, quando se assume que qualquer um pode nos fazer feliz ou que o que falta para ser feliz é encontrar "aquela pessoa". Fica-se em uma busca vã para encontrar o que nem se sabe o que é. A carência faz projetar no outro tudo o que se quer. Essa é a pior das loucuras do desejo, porque se pode entrar em uma relação abusiva ou em uma relação que não existe – é você que cria uma relação, o outro não está ali.

O desejo é criativo quando é desejo de ser feliz, não de encontrar a felicidade lá fora, mas de encontrar caminhos, trabalho, amigos, parceiros, conversas, programas. O desejo pode ser muito criativo se você o colocar na sua vida, não em um parceiro, sexo ou aventura.

Polvilhe a sua vida de desejos. Polvilhar a vida de desejos pavimenta o caminho para a felicidade se o desejo for criativo, se a felicidade estiver em você e não no outro ou no sexo, no casamento, no trabalho.

Muito do desejo é temperado pela curiosidade. Se o desejo despertar a curiosidade de ver o que tem ali, a chance de você ser traído é menor. Porém, se você vai com expectativa, abre a possibilidade de ser frustrado. Expectativa gera frustração. Com curiosidade, você não pressupõe que o objeto seja isso ou aquilo, você quer saber como é o objeto.

O desejo pode se transformar em amor quando você vai movido a curiosidade e o objeto o deixa cada vez mais curioso, as respostas são cada vez mais pertinentes, a curiosidade aumenta, a vontade de ficar junto cresce. E aquilo que era desejo não é mais inventado; existe e é compartilhado.

Muitas relações verdadeiras de amantes não conseguem se transformar em relações reais de apaixonados no mundo real. Dentro do quarto, é um para o outro, cada um abandona uma vida lá fora, fecham portas variadas e abrem outras portas um para o outro. Não existe interferência do real, de outras pessoas, de agendas. O desejo afasta a complexidade da vida; o foco no objeto é tal que é como se não existisse todo o resto. Porém, todo o resto é a realidade, embora o que aconteça dentro do quarto seja verdade.

Não acho que o desejo seja soberano. Acho que o desejo precisa ser administrado, inserido nas circunstâncias da sua vida. Por exemplo, você está casado e surge uma terceira pessoa, ou está solteiro e aparece alguém. Às vezes há muito em risco, às vezes não. A força do desejo nos leva a ultrapassar limites que juramos jamais ultrapassar. É preciso avaliar riscos e perdas, custo-benefício. O arrebatamento costuma impedir isso.

É desejável gerir o desejo. Altamente desejável. Não é fácil, mas, para evoluirmos e nos tornarmos melhores, é preciso encarar o que é difícil. O que é fácil a gente já fez, o que é difícil a gente vai empurrando para a frente – o que é uma atitude esperta, afinal, quanto mais tempo, mais ferramentas se tem.

O desejo não pertence ao meio, pertence aos extremos. No meio ficam os desejos mais bem administrados, os desejos que cabem onde cabe o tempo da curiosidade, o tempo do prazer de conhecer, o tempo do desfrute. É gostoso sentir o desejo. Para que matar o desejo tão depressa? A gente pode sentir, cozinhar e deixar o desejo chegar a um ponto mais palatável.

Acho que estamos vivendo a era da vitrine, não da transparência. Por transparência, me refiro à apresentação dos sentimentos, à visibilidade daquilo que se sente e das verdades da pessoa. Vitrine é a exposição do bonito, do desejável, do que atrai. Essa vitrine está enlouquecendo muita gente, gerando muita depressão em quem acredita que a vitrine é transparência e que a vida do outro é toda atraente, toda bela, toda boa, toda feliz, enquanto ele tem aquela vida desgraçada de verdade, com coisas ruins, feias, necessidades, frustrações.

Quando a solidão é plena e não falta nada, o desejo não arrebata. Ele acorda e chama, mas não enlouquece, pois você está pleno e pode olhar para o objeto de desejo com curiosidade e interesse, mas sem o *drive* da necessidade. Aí você vai inteiro e com a sua curiosidade conhecer e se revelar para o outro. Para mim, o novo paradigma amoroso é "eu te vejo". Acho que o que queremos em qualquer relação de amor é sermos vistos, que as consonâncias e dissonâncias caibam em paz.

É fundamental ser feliz sozinho para poder encontrar um grande amor. Precisar do outro é uma grande roubada. Acho que a maior declaração de amor e o maior testemunho de tranquilidade em uma relação é poder olhar nos olhos de quem se ama e dizer: "Eu não preciso de você".

Detesto a imagem do cadeado como símbolo do amor. Prefiro asas. Cadeados demais derrubam pontes. Se o amor não puder ser asas, que seja pontes; pontes entre os universos de cada indivíduo. O amor bem vivido é um eterno prazer em conhecer e desfrutar daquilo que você conhece e gosta.

O amor deve se libertário. Ao tentar trancar, você deforma o seu objeto de amor, e o amor acaba, porque aquele que você amava, aquilo que você amava no outro, deixa de existir. É um tiro no pé. O amor não é indissolúvel. O amor é um organismo vivo. Nada garante a permanência do amor, mas, se existe alguma coisa que estimula a permanência do amor, é a liberdade do amado de ser como ele é.

PARTE 3

FRAGMENTOS DO PORVIR

roteiro *“Linha do Desejo”*

Uma mulher contemporânea, lotada de certezas, reavalia sua vida quando encontra mulheres muito mais livres que ela 800 anos antes.

18.

~~18 EXT. PARIS / JARDIM - DIA 18~~

~~Ana Thereza caminha pelo jardim, segura um café. Ela se senta num dos bancos e dá mais um gole no café. Apoia o copo no banco e tira um lápis e um apontador. Aponta esse lápis, depois outro e ainda um terceiro. Devolve dois deles a um estojo, onde guarda também o apontador. Procura alguma coisa na bolsa. Tira uma cartela de comprimidos, destaca um e toma com café. Começa a escrever em seu caderno.~~

~~O vento tenta virar a folha em que Ana Thereza escreve: "sei conceituar a serenidade, sei reconhecer a serenidade, mas não sei onde ela está aqui dentro"."~~

~~Alguns fios de cabelo saem do lugar e Ana Thereza tenta contê-los.~~

~~ANA THEREZA (O.S)~~
~~Faz dias que não consigo parar. O último mês foi uma loucura. Deixar os alunos, minha casa, minha vida no Brasil demandou tamanho planejamento que não deixou espaço para mim.~~
~~No caminho da Biblioteca tem um jardim. Tem um jardim no caminho da Biblioteca.~~
~~Faz tempo que um banco não acolhe minhas inquietações.~~
~~Eu Margarida. Realmente um encontro especial. Um dia fuçando na Biblioteca, lá estava eu.~~

~~A câmera então passeia pelo jardim e, num canto escuro, faz a transição para a cena seguinte.~~

19 INT. PARIS / BIBLIOTECA - DIA 19

Ana Thereza, está sentada na mesa com um livro antigo e pesado à sua frente. Entre risadas, surpreende um casal - um homem e uma mulher - se beijando num canto escuro, se bolinando, numa cena incomum para uma biblioteca parisiense. O casal logo sai dali, de mãos dadas. Ela então abre o grande tomo que tem à sua frente. Lê-se: Recueil des Historiens des Gaules e de la France Tome XX. Ao folhear o livro, ela se depara com sucessivas imagens (ilustrações antigas) de seres híbridos de animais e humanos, rituais, figuras bestiais e, finalmente, mulheres torturadas e queimadas em fogueiras. Ao som característico de violoncelo, vê-se o corpo feminino, numa sucessão de figuras, submetido a punições diversas: atados a cadeiras de tortura, amarrados a paredões de pedras e, principalmente, atados a troncos no centro de fogueiras imensas.

19.

Em todas as imagens, o rosto feminino sofre: grita, contorce-se, chora. As imagens seguem num crescendo rítmico nauseante, que levam Ana Thereza - e o espectador - à vertigem. Ela tira os óculos, afunda os dedos polegar e indicador nas órbitas, respira. Torna a colocar os óculos e volta à leitura. É quando, depois de folhear mais algumas páginas, uma imagem chama a sua atenção: a ilustração de uma mulher atada ao tronco de uma fogueira e completamente impassível. Seu rosto é sereno, apesar das chamas consumirem-lhe o corpo, como nas demais figuras. Abaixo um texto em latim: "Margareta, dicta Porete.... Multa Tamen in suo exitu poenitentia signa ostendit nobilia pariter ac devota…". Seguindo a numeração da nota, Ana Thereza vai até o fim do livro e lê a tradução: "Marguerite, dita a Porete... Em sua morte mostrou muitos sinais de penitência nobres e pios. Por isso, os rostos de muitos dos que testemunharam a sua execução foram movidos à compaixão; com efeito, muitos tinham os olhos cheios de lágrimas". Em plano e contraplano, os olhos de Ana Thereza se projetam fixamente sobre a figura serena de Porete na fogueira, como se essa lhe tivesse causado uma forte impressão.

~~20 INT. PARIS / APTO ANA THEREZA - NOITE 20~~

~~Ana Thereza serve-se de um copo de vinho na bancada que separa a sala da cozinha, tira os sapatos e senta-se no sofá, põe os pés descalços em cima da banqueta, puxa o computador que está do seu lado no sofá para seu colo.~~

~~Fala com Thomaz por Skype.~~

~~ANA THEREZA~~
~~Você está preparado para minha mudança de planos?~~

~~THOMAZ~~
~~Claro! Quando você volta?~~

~~ANA THEREZA~~
~~(rindo)~~
~~Era o que você mais queria né?~~

~~THOMAZ~~
~~Fala logo, não enrola.~~

~~ANA THEREZA~~
~~Indo atrás dos diamantes achei uma jazida de esmeraldas.~~

~~THOMAZ~~
~~Vai amor, fala, como assim?~~

~~24 INT. PARIS / APTO ANA THEREZA - NOITE 24~~

~~De volta ao seu apartamento, deitada no sofá, procura violoncelo no Spotify. Pega o livro que está apoiado em sua barriga e reinicia a leitura. O som do violoncelo toma conta. Ana Thereza para de ler, apoia o livro no encosto do sofá, tira os óculos e fecha os olhos. Lá fora, no céu, as nuvens passam pela lua minguante.~~

25 FRAGMENTOS E DETALHES - MARGUERITE PORETE 25

P.V. Ana Thereza. Margens do rio Sena. Acompanhamos uma onda da água do rio batendo nas pedras da calçada que lava um rastro de sangue. Ouve-se vozes de populares e rufar de tambores. Ela se aproxima, abrindo caminho pela multidão que aperta. Por entre as pessoas espremidas e exaltadas avista uma mulher vestida de saco e de cabelo raspado que caminha na frente de um cortejo. O carrasco e todo o aparato da Inquisição vêm atrás dela. Som de rezas e o rufar meio lúgubre meio marcial de um tambor envolvem a sequência. A mulher passa por Ana Thereza, em silêncio, olhando para frente, sob os olhos da barulhenta multidão. Os pés estão empapados de sangue, mas ela, a Porete, parece absolutamente indiferente à dor.

~~26 INT. PARIS / APTO ANA THEREZA - NOITE 26~~

~~No apartamento de Ana Thereza, uma forte pancada na janela, provavelmente um galho, faz um ruído tenebroso. Ana Thereza abre os olhos, assustada. Ela leva a mão à cabeça. Torna a conferir o telefone celular ao lado da poltrona, sem nada encontrar ali (ainda espera a LOUISE responder). Então, depois de perceber o galho preso à grade da janela do lado de fora, ela volta a dormir.~~

~~Detalhes da intimidade do pequeno apartamento são acompanhados pelo som da mensagem de audio no WhatsApp.~~

~~ANA THEREZA (O.S.)~~
~~Alô, Mademoiselle Louise? Meu nome é Ana Thereza, foi Jaime Siqueira que me deu seu contato. Desenvolvo uma pesquisa sobre a mística medieval na Sorbonne e preciso de seu serviço de tradução para alguns textos. Aguardo seu retorno.~~

32.

33 33

"As Beguines tinham o espírito livre e eram provocadoras. Os beguinários não compartilhavam nenhuma regra, nem tinham superior hierárquico.

"As Beguinas representavam perigo de heresia pelo nível de liberdade perturbador e muito raro entre as mulheres medievais. O clero, ou seja os homens não conseguiam controla-las".

33.

~~LOUISE~~
~~(sussurrando)~~
Vós que este livro lereis, se bem o quiserdes entender, pensai no que vos direi, pois ele é difícil de compreender… deveis vos render.

~~Ana Thereza escuta Louise com muito interesse. Os olhos de dela brilham e Louise percebe.~~

~~LOUISE (CONT'D)~~
Teólogos e outros clérigos aqui não tereis o entendimento, ainda que tenhais as ideias claras, se não procederes com humildade, e que Amor e Fé conjuntamente vos faça suplantar a Razão, pois são as damas da mansão.

~~Ana Thereza fica admirada com a destreza de Louise na língua picarda.~~

~~Louise folheia um dos livros que estão na pilha.~~

~~LOUISE (CONT'D)~~
~~(sussurrando)~~
~~Achei uma passagem aqui que pode te interessar.~~

~~Louise vai chegando perto de Ana Thereza e lê o parágrafo sempre sussurrando.~~

LOUISE (CONT'D)
O que mais chama atenção na figura de Marguerite Porete é a sua devoção. Sua força estava em querer nada: o não-desejo, a liberdade da razão, do prazer mundano. Ela acreditava na possibilidade de igualar a substância de sua alma à de Deus, o que a teria feito não gritar, na fogueira. Se ela é Deus, ela não teme. Se não teme, é porque está completa. Se está completa, é porque não quer, não deseja, não anseia".

~~Ana Thereza dá uma espiada no texto, que está em latim.~~

~~Louise escreve num pedaço de papel: Vou fumar um cigarro.~~

~~Enquanto Louise sai, Ana Thereza a segue com os olhos. Fica olhando através da porta por alguns instantes. Volta aos livros.~~

54.

~~62 FLASHBACKS - INT. PARIS / BIBLIOTECA - DIA 62~~

~~Ana Thereza e Louise estudam juntas.~~

~~Se aproximam para ler o mesmo parágrafo. Escrevem bilhetes. Sussurram uma no ouvido da outra. Fumam o mesmo cigarro. Discutem cheias de paixão. Louise arruma o cabelo de Ana Thereza.~~

~~FIM DO FLASHBACK~~

~~63 INT. PARIS / APTO ANA THEREZA - DIA 63~~

~~Ana Thereza sente a mão de Louise arrumando seu cabelo.~~

64 FRAGMENTOS E DETALHES 64

O tear de madeira é operado por uma beguina. Sentada, semblante satisfeito, ela se movimenta suavemente enquanto o equipamento faz sua parte. Detalhes dos pés, das mãos, olhos lânguidos, boca levemente molhada, tecido escorrendo pela esteira. Beguina, aos poucos, para de pedalar e se levanta carregando a enorme saia de suas vestes que desvendam o banco em forma de pênis de madeira.

~~65 INT. PARIS / APTO ANA THEREZA - NOITE 65~~

~~O celular de Ana Thereza apita.~~

~~Thomaz escreve: Você pode falar?~~

~~Ana Thereza escreve: Enxaqueca.~~

~~Thomaz escreve: Quando melhorar me chama. Te amo.~~

~~66 EXT. PARIS / BIBLIOTECA - DIA 66~~

~~47 Ana Thereza na Biblioteca espera Louise. Não consegue se concentrar. Olha no relógio do computador. Volta para os livros. Olha no relógio do celular, aproveita e checa mensagens. Vai até a Bibliotecária e pede mais livros. Olha o grande relógio da Biblioteca. Fecha o livro e olha no relógio do pulso e Louise não chega. Ana Thereza saí para fumar um cigarro e não tira o olho da rua. Olha para o bicicletário, o lugar onde Louise estaciona a bicicleta está vazio. O sol cai e Ana Thereza vai embora. 47~~

~~ANA THEREZA (O.S.) (CONT'D)~~
~~Nossa vida é uma casa de portas abertas, abertas não, escancaradas. Mesmo parecendo uma loucura, penso todo dia em compartilhar o que estou vivendo com ele. Acho que ele ficaria muito triste. Talvez o Thomaz não faça parte dessa etapa da minha vida. Será que daqui pra frente terei que escolher o que compartilhar com ele? Outras etapas em que ele não se encaixe virão? Eu não estou vivendo uma vida dupla, eu nem sei o que é isso, pra dizer que existe outra vida. É claro que uma inquietação me aflige, mas não é culpa. Não estou sentindo culpa nenhuma. Estou quase me sentindo culpada por não sentir culpa nenhuma.~~

~~Lemos o início da frase: "Ultimamente tenho sido assaltada por fantasias que somente a muito custo consigo controlar"~~

~~ANA THEREZA (O.S.) (CONT'D)~~
~~Ultimamente tenho sido assaltada por fantasias que somente a muito custo consigo controlar. Temo que as coisas saiam do controle. Quiçá já saíram.~~

~~No caderno Ana Thereza acaba de escrever: "Quiçá já saíram" e fecha o caderno.~~

83 FRAGMENTOS E DETALHES 83

Marquerite Porete sentada é interrogada pelo Inquisidor.

Metade do rosto, no canto do quadro. Close dos dois olhos. Mão amarrada sobre o braço da cadeira, manga das vestes puídas. Super close de um dos olhos. Detalhe da fivela que prende os pulsos. Super-super close de um dos olhos. Escutamos a voz do Inquisidor que faz perguntas insistentes em latim. Ela não diz palavra. Seu olhar é sereno. Ao mesmo tempo ela está e não está ali. ~~Um ruído de sebulas vai entrando na cena, num crescente.~~

~~84 INT. PARIS / APTO ANA THEREZA - DIA 84~~

~~O celular toca várias vezes em cima da mesa da sala, seu som é abafado pelo som do chuveiro. Ana Thereza está no banho. De olhos fechados ela se delicia com a água que escorre no seu corpo.~~

VESTÍGIOS

Nós não viemos hoje.
Mesmo que viéssemos não sentaríamos
  nas mesmas cadeiras.

Estáticas,
Elas mudam de lugar sem deixar rastros,
  já que a neve não caiu.
Pisoteiam algumas folhas, amparam outras.

Empurradas,
Viram de costas para o que não querem ver.

Arrastadas,
Ficam de frente para encarar.

Puxadas,
Há as que preferem ficar longe,
  buscando a calmaria da solidão.

Apenas colocadas.
Lado a lado encostam os braços.
Olho no olho roçam as pernas.

Organizadas,
Cinco ou seis fazem reunião.

Amanhã talvez estejam sozinhas de novo... ou não.
Deixam a surpresa levá-las para lá e para cá.

Ana Sardinha

O ~~INCERTO~~ LUGAR DO *desejo*

direção e produção
PAULA TRABULSI

atriz
MARIA FERNANDA CÂNDIDO

entrevistados
ALEXANDRE CUMINO
ANDRÉ TRINDADE
CIÇA AZEVEDO
CLÓVIS DE BARROS FILHO
COSTANZA PASCOLATO
JOSÉ MIGUEL WISNIK
JULIANA PACHECO
LÚCIA ROSENBERG
LUIZ FELIPE PONDÉ
MARILU BEER
NINA PANDOLFO
PETER PÁL PELBART

produção executiva
ROBERTA TRABULSI
LIA PINI

assistência direção e pesquisa
SUELY STRAUB

montagem
UMBERTO MARTINS (ABC, AMC)
DANIEL CODINA

roteiro
ANA SARDINHA
PAULA TRABULSI

consultoria de roteiro
MÔNICA WALDVOGEL

direção de fotografia
ARNALDO MESQUITA

still
LUCIANO AMADO

música original
RURIÁ DUPRAT

mixagem
EDUARDO SANTOS

designer gráfico
PEÉLE LEMOS

equipe Les Films du Cygne (França)
ALEXANDRE CHARLET
CHRISTIAN BURNEL

coordenadora produção
CÉLINE PUPO

maquiagem
PAOLA FERRARI
SYLVIE MAINVILLE

câmeras
NEKO FREITAS
CONRADO LESSA
VANESSA CRISTINA ALVEZ

som direto
JOSÉ CELIO DOS SANTOS

assistência produção
RAFAELLA ARCUSCHIN

estagiário
FELIPE GAYOTTO

motoristas
MARCIANO DA SILVA
VANDERLAN DE OLIVEIRA

ESTÚDIO BANDA SONORA
trilha sonora original
RURIÁ DUPRAT

canto e vozes
PEDRO IACO

desenho de som, mixagem, edição e supervisão
EDUARDO SANTOS

edições adicionais, tracking e layout
MÁRCIO AMARAL
MATHEUS JERONYMO

MISTIKA
direção técnica
MARCELO SIQUEIRA, ABC

direção comercial
ARIADNE MAZZETTI

assistente de direção
GLAUCIA MARCONDES

coordenação de pós-produção
LUCIO ARTHUR

coordenação de efeitos
IGOR RIBEIRO

editor de pós-produção
JULIO MELLO

colorista
GIGIO PELOSI

estagiários
RICARDO TILIM
LUCA RASSI
LUIZ FELIPE OLIVEIRA
PEDRO QUINTAS

finalização de imagem
HUGO BIM
RODRIGO FARIAS

masterização de dcp
CARLOS FELIPE MONTEIRO

advogada
DENISE JARDIM

assistência administrativa
PAULO RIMCHA JÚNIOR

corretora de seguros
PRÓ AFFINITE

SOMAC CONTABILIDADE
EDSON PARECIDO DE SÁ
RICARDO D'ANGELO
ROSELI MARANI DA SILVA
NATALIA CRUZ FIALHO
MAURIO TADEU ESTEVÃO DE CAMPOS

obras utilizadas
TRECHOS DO FILME "L'ABÉCÉDAIRE - GILLES DELEUZE",
de Claire Parnet et Pierre-André Boutang
SUB-TIL/Christophe Boutang

TRECHOS DO FILME "A DAMA DO LOTAÇÃO"
de Neville D'Almeida - Regina Filmes

TRECHOS DO CURTA-METRAGEM
"QUANDO AS CURVAS SE ENCONTRAM"
de Paula Trabulsi

TRECHOS DO POEMA "A ONDA"
de Manoel Bandeira

agradecimentos, Parques e Locações em Paris
Musée Rodin, Paris

Jardin du Luxembourg
"Remerciements à M. le Président du Sénat et à MM. Les Questeurs"

Direction des Espaces Verts et
de l'Evironnement de la Ville de Paris

colaboração no projeto
LINHA DO DESEJO
DANIELLA CAPELLATO
GABRIELA ALMEIDA

a produção agradece
FELTROS SANTA FÉ
ARY PINI
ELISÂNGELA MENDES MARTINS
KÁTIA HOLANDA
MICHEL ROSENTHAL ADVOGADOS
MILA COLETI
PATRÍCIA CUOCOLO

contribuições
HELOISA ETELVINA
RICARDO SILVEIRA
JONAS SANTOS
JOÃO FERNANDO CHAPADEIRO
JUNIOR THONON
MIGUEL GENOVESE
ROSE SCAFF
PABLO NOBEL
RICARDO SCAFF TRABULSI SILVA
JOANA MARIANI
LARA CÁRCELES
JOÃO ROSA

contribuição & agradecimento especial
PROFA. ANA LUIZA RAMAZZINA GHIRARDI
PROF. JOSÉ GARCEZ GHIRARDI

ANA LUCIA WALKER
PATRÍCIA WEISS

2019 FESTIN SELEÇÃO OFICIAL

ELAS
ELOCOMPANY

ASAS - Paula Trabulsi (FUNDADORA), Anna Walker, Carla Pernambuco, Cassio Costa, Cassio Mattos, Chiara Martini, Costanza Pascolato, Daniela Schmitz, Debora Koyama, Denise Jardim, Edu Santos, Fernando Luna, Fred Paiva, Gabo Lama, Joana Mariani, João Fernando, Junior Thonon, Kleber Silveira, Laura Villares, Luciano Amado, Marcelo Siqueira, Maria Fernanda Cândido, Marilu Beer, Miguel Genovese, Monica Waldvogel, Patrícia Weiss, Paulo Lemos - Peèle, Rikardão Silveira, Roberta Trabulsi, Ruriá Duprat, Suzana Apelbaum, Thiago Cesar Silva, Vicente Negrão.